*Restaurer le plan divin sur Terre*

**Catalogage avant publication de Bibliothèque et Archives nationales du Québec et Bibliothèque et Archives Canada**

Michel (Archange : Esprit)

Restaurer le plan divin sur la Terre : enseignements de l'archange Michaël et de Mère Terre

ISBN 978-2-89436-349-2

1. Écrits spirites. 2. Rédemption - Miscellanées. 3. Vie spirituelle - Miscellanées. I. Mère Terre (Esprit). II. Amlas-Marie. III. Titre.

BF1311.M53M525 2012 133.9'3 C2012-940758-5

*Nous reconnaissons l'aide financière du gouvernement du Canada par l'entremise du Fonds du livre du Canada (FLC) pour nos activités d'édition.*

*Nous remercions la Société de développement des entreprises culturelles du Québec (SODEC) pour son appui à notre programme de publication.*

Infographie de la couverture et mise en pages : Marjorie Patry
Révision linguistique : Amélie Lapierre
Correction d'épreuves : Michèle Blais

Éditeur : Les Éditions Le Dauphin Blanc inc.
Complexe Lebourgneuf, bureau 125
825, boulevard Lebourgneuf
Québec (Québec) G2J 0B9 CANADA
Tél. : 418 845-4045 Téléc. : 418 845-1933
Courriel : info@dauphinblanc.com
Site Web : www.dauphinblanc.com

ISBN : 978-2-89436-349-2

Dépôt légal : 2e trimestre 2012
Bibliothèque nationale du Québec
Bibliothèque nationale du Canada



Imprimé au Canada

Amlas-Marie

# *Restaurer le plan divin sur Terre*

## ***Enseignements de l'Archange Michaël et de Mère Terre***

Le Dauphin Blanc

*Ce livre est dédié à ma*
*famille d'incarnation :*
*à mes sœurs, à mes enfants*
*et à mes petits-enfants chéris.*
*Votre Amour m'est précieux.*
*Il me soutient et m'enracine*
*dans la Joie de vivre sur cette terre.*
*Merci de m'accompagner*
*dans ce mandat de service*
*à la grande famille humaine.*

# Table des matières

# Remerciements

Il n'y aurait pas de livre sans la collaboration plus que précieuse d'une équipe d'amies déterminées à ce que les présents messages soient publiés.

Merci à Céline Hélyanna, qui a transcrit avec une patience d'ange et un grand dévouement toutes les « canalisations » enregistrées.

Merci à Cécile H. pour son assistance avisée.

Gratitude aussi pour Colombe, qui a travaillé avec ardeur à rendre les textes plus « littéraires » et accessibles.

Merci à toutes les deux pour les nombreuses relectures et corrections qui ont demandé un an de notre énergie et un travail assidu.

L'Amour et la détermination sont des Forces présentes dans ce livre. Ces Forces sont celles qui nous ont fait dépasser les limitations des personnalités.

Mes précieuses amies, ma reconnaissance vous est éternelle.

# *Préambule*

Ce livre fait suite à un premier qui a été publié par les éditions Le Dauphin Blanc sous le titre *Appel aux guerriers de Lumière, enseignements et outils sacrés de l'Archange Michaël*. Ce premier ouvrage constitue une base de compréhension des enseignements encore actuels et propose à chaque humain des outils qui permettent d'agir pour le bien de la planète.

Dans cette nouvelle parution, l'archange Michaël offre des enseignements, des rituels, des exercices et des décrets qui nourrissent votre autonomie et votre évolution personnelle, lecteur, et qui sont un vibrant appel à l'action. Depuis environ onze ans, il transmet ses enseignements par le « canal[1] » Amlas-Marie, ce qui a donné naissance à un mouvement appelé « Guerriers, ambassadeurs de Lumière ». Il regroupe des Êtres de différents pays qui se sentent appelés à collaborer avec les guerriers des Plans angéliques pour accompagner Gaïa et la grande famille humaine.

L'archange nous instruit de sa Sagesse pour nous guider dans cette voie de service et de transformation.

Pour de plus amples informations sur ces regroupements, vous êtes invité à consulter le www.guerriersdelumiere.com.

---

1. Dans le présent livre, Michaël appelle également Amlas-Marie la « messagère ».

# *Introduction*

Les enseignements contenus dans ce livre demandent à être abordés avec le cœur et non seulement avec l'intellect. Vous ressentirez alors la vibration du seigneur Michaël et de la divine mère Gaïa en vous ouvrant à leur fréquence au fur et à mesure que vous lisez. Laissez votre intuition vous guider en allant directement au chapitre qui vous interpelle, car vous pouvez lire cet ouvrage de façon non linéaire.

Vous observerez que parfois l'archange revient sur les mêmes thèmes, mais sous un angle différent. Cela est voulu afin de pénétrer votre Conscience au-delà des programmes inconscients.

Vous trouverez dans ce livre des enseignements et des outils précieux pour participer à la grande transformation que la famille terrienne expérimente actuellement.

Les humains ont peu de temps pour accomplir ce tour de Force qu'est la naissance d'une terre fraternelle et égalitaire dans un esprit de Paix et d'Unité.

Mon souhait est que cette lecture vous soutienne, cher lecteur, et vous inspire à participer à ce projet grandiose et divin.

Michaël et Gaïa rappellent aux humains que ce rêve est possible en accédant au potentiel divin illimité en chacun d'eux.

Bonne lecture !

Namaste[2],

Amlas-Marie

2. Salutation (mutuelle) utilisée en Inde et au Népal.

# *La grande Invocation*

*Du point de Lumière dans la pensée de Dieu,*
*Que la Lumière afflue dans la pensée des Hommes.*
*Que la Lumière descende sur la terre.*

*Du point d'Amour dans le cœur de Dieu,*
*Que l'Amour afflue dans le cœur des Hommes.*
*Puisse le Christ revenir sur terre.*

*Du centre où la Volonté de Dieu est connue,*
*Que le dessein guide le vouloir des Hommes,*
*Ce dessein que les maîtres connaissent et servent.*

*Du centre que nous appelons la « race des Hommes »,*
*Que le Plan d'Amour et de Lumière s'épanouisse, qu'il puisse sceller*
*la porte de la demeure du mal !*

*Que Lumière, Amour et Puissance*
*Restaurent maintenant le Plan sur la terre !*

**Note : « La grande Invocation » a été transmise à l'origine par le Tibétain et maître Djwal Khul. Elle a été par la suite modifiée par les maîtres de Lumière.**

# *L'être humain*

## Restaurer le Plan divin sur terre

Namaste, bien-aimé,

Les temps sont critiques pour la terre. Chaque pensée compte pour produire la guérison et l'ouverture de votre Conscience. Chaque fois que vous agissez avec Conscience, vous multipliez l'impact de vos actions qui se joignent aux nôtres et à celles des autres humains afin d'implanter la Lumière sur terre.

Nous savons que vous êtes conscient de la souffrance des êtres humains qui vous entourent. Plusieurs d'entre eux expérimentent en ce moment le détachement des biens matériels. Par ailleurs, vos médias, de concert avec vos dirigeants actuels, diffusent des informations erronées sur ce qui se passe réellement sur terre. Ainsi, ils s'entendent pour cacher certains bouleversements que vit la terre afin de vous garder dans l'ignorance. Ils sont très conscients qu'un être humain informé est quelqu'un qui choisit la justice, la vérité, la compassion et l'entraide et qui prend position en ce sens.

**Dans la Conscience et l'Amour, créez les conditions d'évolution sur terre**

Guerrier de Lumière, demandez chaque jour à Gaïa ce dont elle a besoin, que ce soit pour la guérison d'un lieu, d'une situation ou d'une personne. Posez-lui la question. Vous recevrez la réponse de façon intuitive ou télépathique pour savoir quelle est l'action juste à exercer.

Procédez en « rayonnant » l'Amour et positionnez, au besoin, votre Épée pour créer des circuits de Lumière afin que les personnes qui subissent des bouleversements puissent sortir de leur souffrance et de leur inconscience. Elles pourront alors choisir, dans une énergie plus élevée, la compréhension profonde de ces expériences.

Sur terre, tous les humains vivent des expériences qui les amènent à vivre des passages initiatiques. Il s'agit de passages porteurs d'une plus grande Lumière qui les amènent à vivre au-delà des apparences.

Vous êtes un travailleur de Lumière. Ouvrez votre cœur et tendez une main imprégnée d'Amour et de Lumière à vos frères et sœurs qui expérimentent depuis trop longtemps la souffrance. Créez des « égrégores » de Conscience afin qu'étant soutenus, frères et sœurs reconnaissent leur Lumière et choisissent de grandir plutôt que de se maintenir dans la victimisation. Créez ces percées de Lumière avec Amour et Compassion. Ces ouvertures ont le pouvoir de guérir les situations empreintes de jugement et d'intolérance dans le monde. Elles sont aussi des occasions qui accélèrent votre évolution.

Détachez-vous de vos habitudes, de votre confort et de votre style de vie. Cessez de courir. Cette habitude vous rend moins disponible à recevoir l'information et la guidance pour servir votre âme et vos frères et sœurs.

Guerrier du Québec, vous vivez dans un endroit protégé. Vous avez donc la possibilité plus qu'une autre personne d'ouvrir votre cœur afin d'accueillir vos frères et sœurs qui expérimentent des difficultés sur d'autres zones de votre planète.

Bientôt, vous serez aussi appelé à accueillir des êtres qui auront à quitter certains lieux pour se réfugier au Québec. Il s'agit véritablement d'une terre élevée « vibratoirement ».

Vous, pilier, maintenez ce taux vibratoire élevé grâce à votre engagement, à vos prières et à la qualité du service que vous offrez à vos frères et sœurs de la terre.

Tout ce que vous faites renforce l'âme du groupe des guerriers de Lumière. Tous ces gestes unifiants vous permettent, dans cette Force amplifiée, d'accueillir physiquement ou énergétiquement des êtres qui se reconnaîtront eux aussi dans leur Force. Vous êtes un pont et un transmetteur.

Pour bien entendre l'appel de vos frères et sœurs, il n'est pas nécessaire d'y consacrer de longues heures. Il s'agit avant tout d'établir la Conscience et d'offrir votre cœur aimant, unifié à tous les guerriers, pour que cet Amour rayonne sur ces situations tout au long de la journée.

Ensemble, les humains peuvent encercler ces lieux d'Amour inconditionnel et positionner leurs Épées de Lumière afin de créer une ouverture permettant de toucher et d'élever la Conscience de leurs frères et sœurs. Ces derniers pourront ainsi puiser dans cette Source infinie de Sagesse le sens profond des expériences vécues à travers les difficultés et le détachement.

Les humains doivent s'entraider. C'est le temps. Vous devez donc offrir votre Force d'Amour et de Lumière à ceux qui en ont besoin. Ils ressentiront alors qu'ils ne sont pas abandonnés et que, dans l'Amour, l'Énergie christique, vous êtes présent pour eux. Il s'agit simplement de vous rendre disponible et ils répondront à l'appel de l'Amour et de la Lumière. Nous pouvons vous l'assurer !

Imprégnez votre canal et vos racines de l'Énergie christique et offrez-la à la Conscience des humains ainsi qu'aux règnes animal, végétal et minéral. Plus vous porterez dans votre cœur ces différents règnes, plus ceux-ci seront amenés à s'ouvrir pour recevoir ces hauts niveaux de Lumière et de Conscience.

Ce faisant, vous recevrez les grâces requises vous permettant de solidifier votre engagement et votre ouverture du cœur afin de mieux servir.

## Reconnaissez la Puissance de votre Lumière et de votre Divinité

Nous sommes avec vous, bien-aimé. Puisez dans le grand cœur cosmique l'Amour qui vous permettra de réaliser l'Unité dans votre propre cœur et d'y inclure, sans jugement, « Tout Ce Qui Est » en vous et autour de vous. Ressentez cet appel en allant au-delà des apparences et de l'information que véhiculent vos médias. Le temps est venu d'ouvrir vos antennes psychiques, vos antennes cosmiques de Lumière, de même que vos antennes terrestres, vos racines, afin d'entendre à la fois la voix de Gaïa, votre voix intérieure et la nôtre.

Tous les jours, nous ajustons nos énergies aux vôtres. Plus vous êtes conscient et ouvert à recevoir, plus il nous est possible d'« impulser » les rayons appropriés pour encoder de nouvelles structures lumineuses dans votre terre. Il s'agit pour cela d'accepter de recevoir ces rayons dans votre Conscience et d'imprégner vos cellules de ces hautes énergies lumineuses afin de pouvoir ensuite les rediffuser. Rappelez-vous que vous êtes un pont de Lumière. Chaque fois que vous intégrez ces nouvelles fréquences dans vos cellules, votre ADN se modifie et se reconnaît dans sa Lumière originelle !

Reconnaissez la Puissance de votre Lumière et de votre Divinité. Rayonnez, car vous êtes un phare !

Chaque fois que vous créez cet espace de reconnaissance, vous devenez le récepteur et le transmetteur de cette Puissance. Permettez donc à votre cœur et à votre Conscience unifiés de rayonner votre Lumière !

## Unissez-vous à moi, Michaël, à Gaïa et à tous mes guerriers

Devant les bouleversements que vit votre planète, il est important que vous, guerrier, soyez libéré des peurs et que vous ressentiez et sachiez, dans la profondeur de votre cœur, que votre Bouclier d'Amour est votre première protection. Ainsi, si vous vivez la peur, accueillez-la avec compassion et transmutez-la. Rappelez-vous que l'Amour est ce grand pouvoir alchimique qui transmute toute lourdeur. Créez cette Force en vous ! Unifiez-vous quotidiennement à moi, Michaël, ainsi qu'à tous mes guerriers. Unifiez-vous chaque jour à Gaïa et ressentez sa Force de compassion pour tous ses enfants. Saisissez son appel à intervenir dans les endroits qui demandent une action de votre part.

Sachez qu'à l'intérieur de la Terre, il y a des grilles énergétiques et christiques. Elles ont une fonction particulière par rapport aux failles et aux plaques tectoniques de la planète. Chaque jour, envoyez de l'Amour à l'intérieur de la Terre afin que ces lieux puissent vivre l'harmonie et l'équilibre.

Nous vous demandons de méditer sur tout cela afin de recevoir et d'intégrer, au fur et à mesure, l'information requise pour participer à la restauration du Plan divin sur terre.

Nous vous aimons d'un Amour incommensurable. Nous infusons quotidiennement une pluie de Lumière pour alimenter votre structure lumineuse, votre armure, pour que vous puissiez intégrer rapidement les hauts niveaux de Conscience afin de servir de façon appropriée vos frères et sœurs et votre planète.

Rayonnez et éclairez le chemin. Cela est votre mandat.

## Ensemble, recréons le paradis

Vous êtes un pont de Lumière entre tous les Plans nous permettant de fusionner nos énergies avec celles de Gaïa.

J'appartiens à l'énergie du rayon Bleu et j'ai le mandat de le porter sur la terre. Ce mandat ne peut s'accomplir sans la précieuse collaboration de mes guerriers, car c'est ensemble, dans l'Unité, que nous créerons, à nouveau, le paradis sur la terre.

Nous sommes les guerriers des Plans invisibles, irradiant la Lumière de Dieu. Nous sommes ici pour vous accompagner, vous, maître d'œuvre de la création de ce nouveau paradis sur terre. Cependant, les humains sont encore nombreux à ignorer la Lumière qui les habite.

Voici venu le temps de retirer les voiles qui vous empêchent de voir cette Lumière et d'unifier votre cœur au chakra de votre Conscience. C'est aussi le temps de délaisser ce qui ne vous sert plus sur les plans physique, émotionnel et mental.

Bien sûr, vous allez encore vivre des émotions négatives. C'est normal puisque vous êtes en pleine mutation et que l'éveil est un processus qui se réalise de façon progressive. Réalisez que vous êtes non seulement un être humain, mais aussi un Être divin.

En tant que guerrier impeccable, soyez conscient des aspects plus lourds des êtres qui ont encore besoin de guérison. Vous n'avez plus à vivre la souffrance, la dualité et la division puisque vous êtes en train de restaurer le paradis sur votre terre. Et le paradis, bien-aimé, n'est point la souffrance.

Comment créer le paradis de façon concrète dans votre vie ? En vous accueillant comme vous êtes et en accueillant vos frères et sœurs comme ils sont. Abandonnez toute forme de jugement et de division à l'échelle sociale, familiale, politique ou économique et libérez-vous de la notion de pays, de drapeau et même de patriotisme. Vous faites partie d'un Grand Tout avec vos spécificités et vos différences.

Le paradis se vit dans la fraternité, l'Unité, le partage et la reconnaissance entière de vos sœurs et frères, quels qu'ils soient. Dans ce paradis, les notions d'ennemis et de structures sociales n'ont plus leur place. Vous êtes un habitant de la terre, et ce, peu importe votre race, votre lieu de résidence ou votre culture. La diversité sur terre est ce qui fait la beauté humaine.

Évidemment, la terre est encore chargée de toutes les expériences que les humains ont vécues depuis leur chute du paradis terrestre, au moment où ils se sont distancés de Dieu. Depuis ce temps, ils vivent dans les première, deuxième et troisième dimensions. Ils y ont expérimenté la survie, la vengeance (« œil pour œil, dent pour dent »), la colère et la haine. En s'identifiant à l'énergie des guerriers de l'ombre, ils ont créé des guerres et ils se sont battus pour récupérer encore plus de territoires et de pouvoir.

Il est inutile de juger ces expériences. Par contre, reconnaissez que toutes ces péripéties ont amené votre Être dans la densification et que vous avez vécu la dualité à tous les degrés. Vous êtes semblable à Dieu, vous êtes une étincelle de Dieu, vous êtes le Feu brillant, lumineux, incandescent de Dieu.

Nous vous invitons maintenant, bien-aimé guerrier, à cocréer ce paradis avec nous.

## Rituel du Feu de l'unification

Les humains doivent accueillir l'énergie du canal de Lumière qu'ils font. Ensemble, ils peuvent unifier leurs racines et leurs cœurs en projetant mon rayon Bleu sur chacun d'eux. Ils doivent nous inclure, nous, des Plans invisibles.

Ce rayon est imprégné de la Puissance inconditionnelle de l'Amour cosmique, universel et terrestre. Créez ce canal maintenant ! Respirez profondément. Amenez la détente dans chacune de vos cellules. Il est important que vous soyez à l'aise et joyeux de participer à ce rituel. Offrez sur l'autel de votre « Je Suis » tout élément qui n'est point joyeux, que ce soit dans vos émotions, dans vos pensées ou dans votre corps. Et voyez que le Feu incandescent de la transmutation et de l'Amour inconditionnel « décristallise » tout ce qui n'est pas joyeux en vous. Permettez-vous de vous aimer et, ainsi, de réunifier tous ces aspects dans votre Présence, votre essence et votre Divinité.

Doucement, voyez apparaître, au centre de votre cercle, Gaïa, votre Mère Terre bien-aimée. Voyez-la, accueillez-la. Elle fait partie de vous. Elle est vous. Vous êtes en elle tout comme elle est en vous. Accueillez Gaïa !

Respirez et ouvrez vos bras. Ouvrez votre Bouclier et entourez Gaïa. Joignez votre Bouclier à celui de vos frères et sœurs. Par ce geste de fraternité et d'Amour, entrez en résonance avec elle. Accueillez son Amour maternel et respirez dans sa fréquence vibratoire. Par le son « OM », exprimez-lui votre Amour et unifiez encore une fois votre vibration à celle des autres. Les humains doivent unifier leurs cœurs et inviter, dans cet « OM » sonore, tous leurs frères et sœurs de la divine race humaine afin que, par cette Invocation, ils puissent eux aussi entrer dans ce cercle d'Amour inconditionnel, ce cercle qui berce Gaïa : « OM... OM... OM... »

Ressentez la Paix qui s'installe en vous et autour de vous. Les bras grands ouverts, offrez votre cœur. Vous cocréez cela ! Voyez que la création est fort simple lorsqu'elle est alimentée par l'énergie du cœur.

Nous vous invitons encore à poursuivre cette création, avec nous, et à recevoir la vibration d'une colonne de Feu, en plein centre de Gaïa.

Cette colonne de Feu est un nouvel outil que nous vous demandons d'intégrer dans vos pratiques. Ce Feu en est un de transmutation, de protection et de régénération ! Il est constitué de trois rayons : mon rayon Bleu, le rayon Blanc parsemé d'Or et le rayon Violet.

Accueillez ce Feu et prenez Conscience qu'il descend des Plans de Lumière à partir du douzième chakra. Il est porté par l'Énergie christique.

Respirez profondément. Accueillez-le dans votre canal. Voyez qu'il se présente au-delà de votre chakra coronal, par le chakra de l'âme, le huitième.

Respirez, bien-aimé, et appelez maintenant ce Feu à l'intérieur de vous. Faites-le descendre dans votre canal sous la forme d'une spirale afin qu'il purifie chacun des chakras. Expirez et soufflez afin de propulser ce Feu dans votre précieuse Terre. Voyez qu'il descend et qu'en touchant le cœur de Gaïa, il rejaillit sur vous.

Aspirez ce Feu, bien-aimé. Visualisez-le, ressentez-le avec une intention claire et pure, en utilisant votre respiration et votre Vision divine. Permettez au Feu de rejaillir du cœur de Gaïa pour remonter au douzième chakra. Ce Feu, dans son élan, devient un pont.

Nous vous invitons maintenant à ouvrir à nouveau la porte de votre cœur afin d'établir un lien avec ce pont de Feu. Ainsi, voyez qu'une antenne se déploie à partir de votre cœur sacré pour aller se relier au grand Soleil central. Ce faisant, bien-aimé, vous alimentez votre cœur sacré et votre triple Flamme[3].

Accueillez cette grâce.

Pour créer l'Unité, entrez en totalité dans la vibration de votre cœur christique, ce cœur sacré. Ressentez l'expansion du triple Feu du cœur sacré en plein centre de votre poitrine. Entrez en contact avec l'expansion de ce Feu par le va-et-vient de votre respiration. Puis, pénétrez vraiment dans la résonance divine du mot *Unité*.

Respirez la vibration de ce mot. Accueillez-la comme une onde qui se rend directement à votre cœur, car pour créer l'Unité, la clé est la porte du cœur. Cette porte est liée à la Conscience christique. Revendiquez cette Conscience ultime à travers votre « moi » christique en lui demandant de guider vos gestes et vos pensées ainsi que chacun de vos pas.

Créez ce rituel dans le silence du Temple de votre cœur et sachez que la Conscience christique vous habitera de plus en plus. À travers le chemin du cœur, elle saura vous guider et elle créera l'Unité de tous les aspects qui demandent à être aimés et réunifiés. Vous créerez alors l'Unité et la réconciliation de l'humanité avec sa Divinité.

---

3. Bouddha, Dharma, Shanga, dans la pensée bouddhique. Sagesse, Amour, manifestation.

Mes guerriers sont prêts et ont l'intention qui porte la clé de l'éveil.

## La réconciliation et la rédemption

Bien-aimé, c'est maintenant le temps de la réconciliation et de la rédemption. C'est le moment de la guérison et de la transmutation. Utilisez ce Feu magnifique que vous avez cocréé. Offrez et laissez aller tout ce qui résonne encore dans vos trois premières dimensions. Accédez à votre Conscience christique, celle qui, à partir de cet instant, si vous le choisissez, créera votre réalité.

Vivez l'inclusion, bien-aimé, et non plus la séparation. Laissez aller les jugements et les émotions qui vous maintiennent dans la dualité et la division. Laissez aller ces illusions. Observez vos pensées restrictives afin de les transmuter dans ce Feu rédempteur.

Cher guerrier, avec nous, des Plans célestes, intégrez cette notion d'inclusion, vivez-la, et expérimentez-la à partir de votre cœur.

Créez ce cercle d'Amour inconditionnel avec votre Bouclier. Entrez en résonance avec l'énergie du lieu où vous êtes et tendez la main, cette antenne du cœur, à vos frères et sœurs qui eux aussi ont vécu des situations difficiles.

## Expérimentez l'humour cosmique

La terre est un lieu où vous vous amusez à vivre des expériences de toutes sortes. Toutefois, il vous arrive de vous prendre fort au sérieux. Apprenez à considérer ce que vous vivez avec humour, car l'humour cosmique est divin. Offrez ce cœur d'Amour inconditionnel et rempli de compassion à vos frères et sœurs qui vivent encore de la souffrance.

## Expérimentez la compassion

La compassion est une grâce qui ouvre le cœur. Offrez-la à vos frères et sœurs afin qu'ils puissent la développer pour eux-mêmes. Déployez-la dans votre quotidien pour vous-même et pour « Tout Ce Qui Est ». Effectuez ce travail pour tous vos systèmes social, éducatif ou bancaire en introduisant, pour chacun d'eux, la vibration de la Conscience supérieure.

Ce faisant, vous pourrez dissoudre les anciennes énergies et y introduire la Conscience.

## Éveillez votre Divinité

Nous suggérons aux humains de créer des moments où, en groupe, ils méditent en portant dans leur cœur et dans leur Conscience supérieure la vision, la vibration et la fréquence énergétique de ce paradis qu'ils veulent créer à nouveau sur Gaïa.

Il est important de non seulement laisser aller l'ancien, le désuet, mais aussi de nourrir la vision que vous portez en tant que travailleur et guerrier de Lumière, et ce, en vous joignant à vos frères et sœurs et en nous appelant. Nous serons fort heureux d'œuvrer avec vous, bien-aimé.

Vous êtes appelé à porter cette vision. Vous avez choisi de vous incarner sur Gaïa et vous êtes appelé à créer une nouvelle réalité à partir de sa Vision divine.

En nourrissant l'éveil, vous joignez votre Divinité et vous nourrissez la vie en vous reliant à moi, Michaël, et à tous les guerriers. Créez cette vie empreinte de beauté, tout comme vous l'êtes. Manifestez cette vie empreinte de Divinité, puisque vous êtes semblable à Dieu ! Nous avons pleine confiance en vous. Nous connaissons votre beauté et votre engagement à servir la Lumière en vous et sur votre planète bénie que nous aimons et honorons.

Vous êtes appelé à créer la nouvelle race, peu importe votre couleur ou votre origine. Vous créerez cette race divine, celle qui inclut dans son énergie d'Amour et de Sagesse lumineuse « Tout Ce Qui Est ! » Rien de moins, bien-aimé.

## Bénédictions

Dans le Temple de votre cœur sacré, accueillez notre bénédiction comme un Feu qui éclaire votre triple Flamme. Amplifiez-la maintenant.

Respirez et accueillez votre Divinité.

Adonaï Tsebayot[4] *(dit par Michaël à voix haute et avec fermeté)* ! Par la grâce de Dieu tout-puissant, à travers moi, Michaël, cela vous est donné. Que cette bénédiction se répande et traverse votre cœur unifié et celui de Gaïa afin qu'elle rejaillisse sur toute vie. Il en est ainsi.

---

4. *Adonaï Tsebayot* est la « formule qui honore le nom de Dieu, c'est le saint nom de Dieu ».

Nous vous honorons, frère ou sœur, porteur de Lumière sur le Plan terrestre. Nous vous aimons de cet Amour qui inclut « Tout Ce Qui Est ».

Namaste,

Je suis l'archange Michaël.

## De l'ego à l'Être

Bienvenue dans les vibrations de la Source en vous. Acceptez de vous rencontrer dans tous les aspects de votre Être et tout particulièrement dans celui de votre ego. L'ego est ce qui crée sur votre terre un état d'inconscience, de non-reconnaissance, de division et de dualité. Malgré l'évolution accélérée de la terre, la dualité est encore l'état dans lequel vibrent la plupart des êtres humains.

Respirez et entrez dans le Temple de votre cœur. Descendez à l'intérieur de vous afin d'apaiser le mental qui est, certes, le plus grand partenaire de l'ego. Il s'agit de retourner dans le Temple de votre cœur divin et sacré et d'y rapporter tous les aspects de votre Être afin qu'ils soient repositionnés et recalibrés. Il s'agit d'une invitation, vous l'avez compris, une invitation d'Amour ! Ayez de la compassion pour ces parties de vous. Invitez-les à cette réconciliation nourrie par votre Présence. Créez cela maintenant.

### Devenez le témoin de votre ego afin de le reconnaître

En premier lieu, réalisez à quel point l'ego est extensible. Ainsi, en plus de l'ego individuel propre à chacun existe un ego de groupe propre à la collectivité. L'ego est, en réalité, la somme des identifications, des identités et des attachements humains.

Quand vous devenez le témoin de ce qui se passe, vous réalisez que, lorsque vous rencontrez une nouvelle personne, vous vous présentez en vous identifiant au rôle ou à la fonction que vous occupez. Ce phénomène est non seulement un lieu commun dans votre société, mais il est presque érigé en absolu. Plus vous occupez une fonction importante, plus vous avez l'illusion d'être reconnu, respecté et aimé.

L'ego aime s'identifier à des groupes, à des situations ou à des pays. Observez ce qui se passe sur votre planète et vous verrez le réflexe qu'a l'ego collectif de dualité à s'identifier à un territoire et jusqu'à quel point il veut le défendre à tout prix. Derrière cette notion de territoire s'en cache une autre plus subtile, celle de la victime, du bourreau, du tyran, du dominant et du dominé. Tout cela n'est qu'une distorsion créée par l'ego personnel.

Vos structures sociales sont elles-mêmes bâties sur l'énergie de l'ego. C'est un piège qui a réussi à vous couper de votre nature divine. Cette coupure s'est amorcée au moment appelé la « chute », au moment où vous vous êtes détaché de la Source, détaché de ce Grand Tout, pour expérimenter dans votre matière.

Vous vous êtes de plus en plus identifié aux limites de l'ego incarné dans la matière pour finalement en arriver collectivement à vous dissocier de l'Être à l'intérieur de vous. Cette rupture vous a coupé de la nature même de votre planète à un point tel que vous êtes entré dans un cycle de destruction de la Terre, votre Mère. Ce faisant, vous avez nié le principe féminin en vous, lequel vous permet d'accueillir et de vibrer à la vie en vous et de la reconnaître autour de vous.

L'ego, sachez-le, porte la destruction dans son énergie duelle. Observez votre état ainsi que celui de vos frères et sœurs. Vous verrez que les maladies que vous expérimentez sont des conséquences directes de votre identification à l'ego qui est constamment nourri par le mental, les personnalités et ses sous-personnalités.

Rappelez-vous que vous êtes divin et que vous avez ainsi la possibilité de vous guérir et de vous rééquilibrer afin de manifester la beauté qui vous habite et de célébrer celle autour de vous. En vous débranchant de votre nature divine, vous avez cherché la connaissance et l'Amour à l'extérieur de vous. Ce faisant, vous vous êtes enfoncé de plus en plus en augmentant la coupure entre votre petit « moi » et l'Être que vous êtes. Cette division a été nourrie et valorisée par vos systèmes de croyances gérés par l'ego et la personnalité. Cet ego représente les blessures que votre âme a expérimentées d'incarnation en incarnation en vous gonflant de fausses identités et en vous amenant à croire que vous êtes, individuellement et collectivement, ces constructions.

L'« inflation » de l'ego, source de destruction, nourrit l'illusion du pouvoir et non la Conscience de l'Être qui, dans son Unité, n'a pas de fin. C'est ainsi que l'âme prise au piège de l'ego vit constamment la limitation de cette prison autocréée. C'est exactement ce qu'ont vécu certains personnages de votre histoire tels qu'Hitler et Staline. Et même s'ils représentent des cas extrêmes, vous êtes invité à observer, dans votre vie, toutes les fois où vous avez voulu prouver à vos amis, à votre conjoint ou à vos enfants que vous aviez raison, et ce, poussé par un sentiment intérieur de supériorité ou d'infériorité.

En effet, l'ego est aussi présent chez ceux qui expérimentent une grande timidité ou une pseudo-humilité en se positionnant en tant que victimes. Ces personnes ne sont plus en contact avec l'Être divin qui les habite. Cela est aussi vrai dans le cas des personnes qui, de façon déguisée et très subtile, affichent leur supériorité et leur arrogance.

L'ego se manifeste, nous le répétons, à travers vos identifications. Observez, lorsque par exemple vous avez un rendez-vous avec un banquier, comment vous présentez de l'assurance et comment vous vous habillez de façon différente. N'est-ce point le cas ? Lorsque vous vous présentez devant un futur employeur, lorsque vous rencontrez une personne qui vous attire, vous affichez votre aspect le plus avantageux. Toutefois, au bout de six mois et maintenant au bout de trois mois *(rires du groupe)* dans l'accélération de votre planète, nous dirions même trois semaines *(rires)*, apparaissent des facettes de votre personnalité que vous aviez tenté de camoufler.

L'ego n'aime pas que l'on rie de lui et nous vous invitons d'autant plus à le faire avec humour et Amour ! C'est un excellent exercice qui porte l'ego à se dissoudre par la Présence à vous-même.

## L'ego s'exprime principalement des trois façons suivantes :

### 1. L'avoir

Vous vous identifiez collectivement à l'« avoir » : « Je suis important parce que j'ai une fortune, je suis important parce que j'ai une belle maison, une nouvelle voiture, une belle conjointe ou un amoureux important dans la société. » L'ego se cache derrière cette notion de l'« avoir ». Là encore, il n'existe pas de satisfaction.

L'ego en veut toujours plus. C'est ce qui apporte un déséquilibre sur le plan planétaire dans la répartition des richesses humaines. Ce déséquilibre entraîne la destruction des matières premières par une mauvaise utilisation des ressources naturelles et une mauvaise gestion des ressources humaines.

### 2. Le faire

L'ego se déguise aussi dans le « faire » : « Aujourd'hui, je suis très occupé, je n'ai point le temps de m'arrêter. Je dois faire. » Observez autour de vous. C'est le leitmotiv de vos sociétés de consommation et de performance. Et ça ne suffit pas ! L'être humain trouve encore des activités à rajouter pour remplir le vide créé par la déconnexion avec l'Être.

Il existe une véritable dépendance au « faire » dans votre société. S'activer pour ne point s'arrêter, s'activer pour ne point ressentir la vie. Ce faisant, vous multipliez les effets négatifs autour de vous. Combien d'enfants espèrent en vain un moment réel de connexion avec leurs parents, un instant de réelle Présence qui nourrit l'Être ? Ces enfants ainsi traités en viennent aussi à faire partie de cette course à la performance scolaire, sportive, etc. Vous êtes leur modèle !

### 3. Le paraître

Voyez à quel point le mot *paraître* (« par-Être ») est intéressant. Nous pourrions dire « pare-Être » ou « paravent-Être ». N'est-ce point le cas ?

Cette notion de « paraître » nourrit constamment les rôles que vous jouez. « Je dois paraître à mon avantage, je dois paraître important, je dois paraître, devant mon enfant, comme étant celui qui connaît des choses, qui connaît la vérité et qui peut enseigner. » Et c'est ainsi que s'enchaîne la foule de jugements sur vous-même et sur les autres qui ne répondent point à ces critères. Ces critères du paraître, bien enracinés dans vos sociétés, peuvent varier selon les cultures et les religions. Vos religions ont été construites sur des dogmes et des principes basés sur une forme de morale, sur la notion du bien et du mal. Ces constructions sont celles de l'ego. Elles sont des structures artificielles dont l'objectif est de contrôler les masses en les encourageant à se référer à des principes et à des dogmes externes plutôt qu'à puiser à l'intérieur afin d'y percevoir ce qui est juste, soit la vérité de l'Être.

## Craintes, illusions, mensonges ou masques de l'ego

Aussi, constatez que toutes les structures de vos sociétés modernes sont actuellement bâties sur un ego endémique nourrissant la maladie, la destruction, la mort et la non-reconnaissance de l'Être. Lorsque vous devenez observateur, vous vous détachez de ces aspects auxquels vous vous étiez identifié.

L'ego craint constamment de ne pas exister, de ne pas être reconnu, de ne pas être valorisé, de ne pas être aimé. L'ego, nourri par la personnalité, a peur de mourir ! L'ego a peur de disparaître et de n'être rien ! Ce qui n'est qu'une illusion.

Dans vos sociétés, cette peur a atteint un stade endémique. C'est devenu une véritable maladie ! L'ego étant fortement rattaché aux apparences refuse de lâcher prise. En réalité, la vie est constamment tissée de morts et de renaissances et, pour apprivoiser cette étape appelée la « mort », vous devez apprivoiser la vie à l'intérieur de vous avec ses cycles et ses passages.

Cessez d'entretenir l'illusion du bonheur et de la réussite. Regardez-vous aller lorsque vous entrez en contact avec quelqu'un. Vous dites : « Comment allez-vous ? » Et que répondez-vous ? « Ça va bien ! » Quelle illusion *(rires du groupe des guerriers)* ! Quel mensonge dans bien des cas *(dit avec humour par Michaël)* ! Nous ne nions pas que vous viviez des moments de bonheur souvent reliés à un état romantique ou à une illusion de courte durée d'avoir enfin réussi à faire le bon achat qui vous procure quelques instants de bonheur !

Constamment vous portez des masques conditionnés par vos sociétés du « non-Être ». Vous avez perdu collectivement la spontanéité de l'Être véritable ; la spontanéité des enfants qui n'ont pas peur de dire leurs vérités, parfois au grand désarroi de leurs parents.

En résumé, vos institutions et vos enseignements vous entretiennent dans l'illusion du paraître, de l'avoir et du faire, ce qui vous coupe de plus en plus profondément de votre Être véritable.

## Dissoudre l'ego

Voyez, bien-aimé, que la dissolution de l'ego ne peut se réaliser qu'à travers le retour à la Présence. Le « témoin » est nourri par l'auto-observation. Pour plusieurs humains, il est difficile de garder cette vigilance de l'auto-observation, puisqu'ils sont happés par l'extérieur : les autres, l'émotion, les jugements de l'autre, les activités extérieures et les illusions des marchands. Dans cette troisième dimension, vous vous reliez constamment à ces égrégores, à ces énergies qui nourrissent le superficiel et non la centration.

Nous sommes ici pour vous refléter cette réalité en espérant que le portrait soit tellement clair qu'il vous amène à vous dissocier de cette illusion « maya » collective. La Présence à vous-même est un choix qui doit être constamment maintenu. Pour ce faire, vous avez à développer vos propres points de repère afin de nourrir le choix d'Être ce que vous êtes véritablement ! En réalité, vous vivez dans un rêve qui est une matrice basée sur l'illusion. Cette matrice nourrit vos comportements, vos codes sociaux, vos codes moraux et régit vos rapports avec vous-même et avec vos sociétés. Vous devez devenir le témoin de tous les aspects de votre vie. Voici les pistes que nous vous suggérons afin de vous reconnaître dans votre véritable « Je Suis ».

## L'art de l'auto-observation

En premier lieu, nous vous invitons à noter (*dit avec humour par Michaël)* dans votre grand cahier journalier de vie, cette question : « Qui suis-je ? » Puis, laissez venir les réponses :

« Je suis ceci. »
« Je suis cela. »
« Je suis une grand-mère. »
« Je suis un professeur. »
« Je suis une enfant. »
« Je suis heureux. »
« Je suis malheureux. »

Et ainsi de suite.

Notez et épurez toutes ces couches. Vous êtes conditionné par toutes ces notions. Découvrez-les, une après l'autre. Il s'agit d'une entreprise nécessaire afin de vraiment démasquer les faux « vous » et les illusions.

Qui êtes-vous ? Certes, vous avez appris de belles réponses : « Je Suis Tout Ce Qui Est» *(rires)* », « je suis le Divin en moi *(rires plus forts)* ».

Toutefois, là aussi s'infiltre l'ego spirituel. « Je connais, je me connais, je sais que je suis cela, j'ai dépassé telle étape. » Reconnaissez la subtilité de l'ego qui s'infiltre et qui veut paraître à son meilleur *(sourire de Michaël)*.

Puis, poursuivez l'exercice en posant la question suivante à l'autre : « Qui es-tu ? » Ainsi, la première fois, l'autre vous donne une réponse habituelle : « Je suis monsieur Untel, je travaille à tel endroit. » Voilà qu'apparaîtront une à une ces différentes couches imprégnées de vos codes sociaux appris, intégrés et répétés. En épurant ces couches, ces voiles sur l'Être véritable, vous êtes prêt pour une révélation.

**Exercice du « qui es-tu véritablement ? »**

Dans cet exercice, il est important de ne pas forcer les étapes et de ne pas en sauter. Évitez de performer. L'Être, le soi sait. Le soi dans sa Sagesse, dans sa Conscience christique, se révélera au moment approprié.

Vous avez à rencontrer vos ombres et les aspects qui se cachent derrière vos identités illusoires. Cet exercice demande beaucoup d'humilité et du courage, celui de vous rencontrer dans votre vérité, celle qui existe dans l'instant présent.

Être présent, c'est être attentif à l'instant. Pour Être présent, il s'agit de faire taire le mental et de déblayer les émotions qui cachent l'Être véritable afin d'atteindre le diamant, vibrant, rayonnant à l'intérieur de vous : l'Être.

L'Être, dans sa beauté infinie, a besoin d'être reconnu au-delà de toutes ses apparences et couches et de tous ses voiles. Ainsi, vous vous rapprochez de plus en plus de votre vérité ultime et absolue. Vous devenez vrai en vous accueillant dans vos ombres, dans vos souffrances, dans vos peurs, en les reconnaissant pour ce qu'elles sont au lieu de les nourrir. Il s'agit de les reconnaître avec Amour et Compassion. Voyez précisément où sont vos pièges.

**Les pièges de l'ego**

Certains humains se laissent plus facilement happer par le piège de l'émotion, d'autres, par le piège du mental qui veut juger et interpréter la réalité. D'autres personnes sont happées par l'aspect plus physique, comme l'apparence du corps ainsi que l'attachement au confort. L'Être est beaucoup plus vaste que votre corps. Vous êtes un être immortel. Vous avez toujours vécu et vous vivrez toujours. Ne craignez pas de mourir ! La mort n'existe pas. Vous êtes un Être immortel. Laissez pénétrer ces paroles à l'intérieur de votre cœur et de votre Conscience. Acceptez les cycles dans votre vie.

Vous avez une grande peur de la mort. Donc, nous répétons que la mort est une illusion ! Cette peur vous empêche de compléter beaucoup de cycles dans vos vies. Vous tentez de maintenir certains liens, certaines relations qui n'ont plus de raison d'être, car votre âme vous pousse dans sa vérité vers une autre étape d'apprentissage avec de nouveaux êtres. Pouvez-vous le reconnaître ? Pouvez-vous accepter de compléter dans l'Amour, dans l'Harmonie, ces relations qui n'ont plus lieu d'être, que ce soit avec des personnes, des situations ou des lieux ?

De peur de perdre votre identité, de peur de perdre ce que vous considérez comme acquis, vous vous maintenez dans des situations qui n'ont plus leur raison d'être alors que la vie vous appelle à mourir à ce qui n'est plus afin de renaître à nouveau ! Découvrez ainsi de nouvelles portes à l'intérieur de vous et des mondes dont vous n'aviez pas soupçonné l'existence jusqu'à maintenant.

## Les clés de la renaissance

La vie vous appelle ! Votre terre vous appelle ! Retrouvez la capacité d'observer, de vous observer et de contempler. Dès que vous entrez véritablement en contact avec des éléments de votre nature, de votre terre, que ce soit un coucher de soleil, l'observation d'un animal, d'une fleur ou d'une goutte d'eau se reflétant dans la lumière de votre fenêtre, vous entrez en contact avec vous-même. Arrêtez votre mental, permettez-vous de sortir de ce magma de pensées, relié à la troisième dimension, et entrez dans l'Être.

Réalisez que la nature est guérisseuse. Elle vous appelle. Sortez de votre ville bétonnée, imprégnée d'égrégores constitués de pensées collectives pleines d'illusions. Si vous ne pouvez sortir de la ville, à tout le moins, procurez-vous des plantes, symboles de la vie, et entrez en résonance et en communion avec elles. Ne pensez point ce qui suit : « Ah, cette plante est une marguerite, elle est de telle couleur *(rires)*, j'en ai connu d'autres. » Non point ! Déjà, vous catégorisez, vous entrez encore dans le mental. Contentez-vous de ressentir la plante et d'entrer en communion avec sa vibration. Elle vous amènera au-delà des mots, au-delà du mental, dans l'Être. Elle vous ouvrira des portes. Voilà pourquoi il est si important de reconnaître actuellement tous les éléments de votre Terre qui vous demandent de vous relier à votre véritable nature. Reconnaissez la beauté de votre planète.

C'est le temps de laisser ces anciens codes pour vous ouvrir véritablement à la vie qui vous appelle tout particulièrement à travers la nature. Guérissez, guérissez ces illusions en vous reconnectant, à travers les offrandes de votre Mère Terre, ces dons qui vous ramènent à votre Être.

L'Être que vous êtes n'a point de nom. Il est. Tout simplement !

La respiration est la clé qui vous permet de descendre à l'intérieur de vous, ce qui vous permet d'apaiser le mental et de percevoir que vous êtes beaucoup plus vaste que les limites de votre corps. Entrez dans la vibration du Divin en vous.

Utilisez la porte du cœur pour entrer dans la profondeur de l'Être que vous êtes. Si vous faites face à des résistances, ayez de la compassion pour ces aspects, acceptez-les pour ce qu'ils sont, tout simplement. Laissez-les s'exprimer. Accueillez-les !

## Méditation par la respiration et la Présence à l'instant

Assoyez-vous confortablement. Prenez contact avec votre véhicule. Honorez-le ! Il est le tremplin qui vous permet d'évoluer, ici et maintenant. Remerciez-le : chaque cellule, vous le savez, est vivante et porte en elle la Conscience. Reconnaissez cela !

Amenez maintenant le prana divin par la respiration consciente et observez le parcours de l'air qui circule dans votre corps. Pendant quelques instants, soyez totalement absorbé par la beauté de ce processus, la beauté de la vie qui pénètre en vous pour nourrir chacune de vos cellules. Amusez-vous à être la respiration, le Souffle divin en vous. Tout doucement, informez tous les aspects de votre Être que vous choisissez d'être totalement présent.

Avec l'air qui circule en vous, le prana, entrez en expansion par le déploiement de la respiration qui englobe une réalité bien au-delà de votre corps physique et de vos corps subtils. Voyez que votre corps éthérique respire. Visualisez-le comme un mouvement énergétique qui accompagne la respiration. Accompagnez ce mouvement par un balancement de votre corps. Entrez dans la subtilité de votre Être, au-delà des limitations et de l'identification à votre corps physique. Englobez tout votre Être dans ce mouvement, en particulier les aspects émotionnel et mental.

Respirez profondément, accueillez la vie et le Sacré en vous. Accueillez ce prana divin qui est mouvement de vie.

Voyez qu'au-delà de votre corps existe une potentialité de corps énergétiques qui sont simplement l'expression de l'Être sans fin. Entrez dans l'infini. Et dans cet infini, tout est présent ! Respirez profondément. Votre fil conducteur est votre respiration. Votre Présence est manifeste ! Au-delà de toutes formes, de toutes structures, de toutes limites, vous êtes. Au-delà de tous conditionnements, de toutes identités, vous êtes. Vous êtes le Souffle. Vous êtes la vie. Vous êtes ! Et dans l'Unité, nous sommes.

## Rituel du taux vibratoire

Entrez maintenant dans la fréquence du son « A ». Allez la chercher dans la Source d'Amour incommensurable de votre cœur et offrez-la, offrez-la à vos frères et sœurs, à vous-même et à votre planète.

Inspirez et faites vibrer le son « A ». Maintenez-le longuement, sans répétition : « Aaaa ». Par cela, vous montez votre taux vibratoire, bien-aimé.

Appelez vos frères et sœurs de la race humaine afin que, dans le « Je Suis » collectif, ils puissent recevoir vibratoirement et en résonance cet enseignement par le canal que vous êtes, par le pont de Lumière que vous venez de créer. Dites ceci : « J'appelle tous mes frères et sœurs à s'unir à moi par le cœur afin d'élever notre taux vibratoire et de communier ensemble grâce à notre partie divine. Et enracinons cette fréquence dans la Terre. »

Permettez à l'âme, siège de l'Être, de communier et de résonner dans la Joie, celle de l'Être qui sait, de l'Être qui se reconnaît dans la gratitude du Père et de la Mère présents en vous !

Bien-aimé, frère ou sœur, nous vous invitons à recréer cet exercice en vous rappelant que l'ego se dissout par la Présence.

Il s'agit d'une invitation à recréer ces moments de contemplation et d'auto-observation afin de bien identifier les pièges de la troisième dimension associés à l'ego, au mental et aux personnalités.

De tout notre Amour, nous soutenons et soutiendrons votre processus d'éveil et de reconnaissance de qui vous êtes.

Nous vous honorons pour cette quête d'Amour et de Lumière. Recevez ma bénédiction à travers le rayon Bleu. Que cette bénédiction touche le cœur de votre Être !

Je suis Michaël.

## *Nœuds karmiques et Conscience du sens de l'incarnation*

Salutations, bien-aimé,

Que nous nous réjouissons de cette rencontre !

Aujourd'hui, nous allons aborder les mécanismes que l'ego a mis en place pour se protéger et pour survivre. Ensuite, nous aborderons, pour mieux les comprendre, les aspects divins de votre Être afin que vous puissiez discerner ce qui est à l'œuvre en vous. En effet, il est parfois difficile pour l'humain de percevoir clairement ce qui se manifeste dans sa vie. Vous vous dites : « Est-ce la voix de l'âme ? Est-ce la voix du mental ? Est-ce la voix de la personnalité ? »

### L'incarnation

Actuellement, beaucoup d'âmes cherchent à s'incarner sur votre planète tout comme vous avez aussi choisi d'être présent afin de bénéficier des grâces inhérentes à ce passage. Votre engagement à vivre sur cette planète, à ce moment précis, est une porte ouverte sur le potentiel illimité que vous avez, celui de reconnaître l'Être que vous êtes véritablement.

Ce choix exige une centration constante, une Présence et un engagement entier. Soyez certain qu'en réponse à cet engagement, vous serez aidé et recevrez de multiples grâces, fréquences et outils des Plans de Lumière.

Revendiquez tous les jours l'aspect supérieur de votre Être, la Conscience christique. Le « soi » christique est un aspect que vous ne devez plus considérer comme un aspect séparé et lointain de vous ou comme une énergie que seuls les maîtres Jésus, Bouddha ou Krishna peuvent endosser. En ce moment, ces maîtres portent leur attention lumineuse et amoureuse sur vous et sur votre terre pour vous soutenir dans la réappropriation de votre « soi » christique.

## Les outils de transformation

### Le décret

Nous vous proposons de travailler avec des outils de Lumière, dont le décret. Selon les lois universelles, sachez qu'un décret est beaucoup plus puissant qu'une simple prière ou qu'une affirmation. Vous pouvez choisir de décréter pour vous-même ou pour la terre. Les décrets portent en eux le potentiel de la manifestation.

### La transmutation

Chaque fois que vous réalisez que vous avez des pensées ou des émotions négatives, accueillez-les sans jugement puis transmutez-les immédiatement. Soyez conscient d'épurer ce qui ne convient plus à votre évolution.

### L'enracinement

Lorsque vous perdez vos clés, que vous oubliez un objet ou un geste que vous étiez en train d'entreprendre, ces situations sont des indices de votre déracinement. De même, ne vous arrive-t-il pas de vous déplacer et, une fois rendu à cet endroit, de vous demander : « Que suis-je venu faire ici ? » *(rires)* Cela implique que vous êtes, à vrai dire, quelque peu déraciné.

Les rayons et les fréquences vibratoires qui descendent sur la terre en ce moment sont d'une grande Puissance et favorisent le déracinement chez les êtres qui ne sont point présents à eux-mêmes. Avez-vous remarqué qu'il y a de plus en plus d'accidents autour de vous : des accidents de voiture, des gens qui tombent, qui se blessent, qui traversent les rues au mauvais endroit parce qu'ils n'ont pas pris le temps de percevoir adéquatement leur environnement. Il est important de bien capter l'essence de ce message pour ramener la vigilance.

Toutes les blessures que vous portez depuis maintes incarnations sont des occasions de vous déraciner, c'est-à-dire de perdre le contact avec votre corps. Ces blessures, que vous en soyez conscient ou non, font surgir des émotions et des contractions qui vous ramènent à utiliser votre mental. Quand vous souffrez, prenez plutôt le temps de vous arrêter et d'accueillir ce malaise afin de le transmuter.

*Être enraciné*, bien-aimé, signifie que « vous acceptez d'être totalement qui vous êtes, dans cette incarnation sur terre, en ce lieu qu'a choisi votre âme ». Être enraciné, c'est vous positionner dès le matin dans votre « Je Suis ». C'est, tout au long de la journée, ramener votre Conscience et tout votre Être dans votre essence. Établissez un lien constant, parlez à votre « moi » christique. Décrétez qu'à partir de maintenant vous lui donnez la préséance dans tous les aspects de votre vie, dans vos corps, vos chakras et, certes, dans vos racines.

### Le sens des rencontres sur terre

Pendant votre vie, vous faites des rencontres qui durent un instant, un après-midi, une semaine, six mois ou des années. Sachez qu'il n'y a point de hasard à cela. Vos rapports, souvent, sont des liens karmiques avec certains de vos frères et sœurs de la terre. Ainsi, lorsque vous reconnaissez qu'une âme vibre à la même fréquence que la vôtre, vous êtes heureux. Cependant, toutes les âmes incarnées sur terre font partie de votre famille. Soyez aussi conscient de cela.

Certains de ces êtres que vous croisez reflètent un aspect de vous-même que vous jugez. C'est un rappel de votre âme qui aspire, en pleine Conscience, à évoluer et à se réaliser. Votre âme, aidée de vos guides, met sur votre chemin les situations et les êtres qui vous permettent de vous reconnaître. Les blessures que vous portez de vos vies antérieures et les empreintes de cette incarnation représentent aussi, comme nous vous l'avons déjà dit, des occasions de vous déraciner, mais également des occasions d'évoluer.

### Nœuds karmiques

Les souffrances et les blessures qui se répètent de vie en vie sont chargées d'émotions limitatives qui s'appellent des « nœuds karmiques ».

### Sentiment d'abandon

Au début, vous viviez dans des vibrations divines avec fluidité et aisance. Avec la chute, tout doucement, vous vous êtes identifié au côté humain de votre nature, la matière. Dans ce parcours, vous avez oublié vos origines divines et votre Lumière en vous croyant abandonné par votre Mère et Père divins. Ce faisant, de même que vos parents, vous avez reproduit cette situation dans vos multiples incarnations. Vous avez créé cet abandon, que vous répétez jusqu'au moment où vous prenez Conscience de votre propre mécanisme de création.

C'est pourquoi il est si important de cesser de juger vos parents comme ayant failli au mandat de vous aimer. Vous avez créé cette situation, parce que vous créez tout ! Combien de fois avez-vous quitté une relation en refusant de vivre l'émotion associée à cette séparation plutôt que de l'accueillir ?

### Sentiment de rejet

Il en est de même pour le rejet. Combien de fois vous êtes-vous rejeté vous-même en vous jugeant inapte à être aimé ? Combien de fois, dans un mécanisme illusoire de survie, vous êtes-vous exclu croyant que vous alliez être rejeté ? Combien de fois avez-vous choisi de demeurer dans une zone limitative de confort plutôt que d'ouvrir votre cœur et d'exprimer vos besoins ?

Respirez profondément. Ouvrez votre cœur et demandez à l'Énergie christique d'être présente dans sa Force inconditionnelle d'accueil.

### Sentiment de trahison

Combien de fois vous êtes-vous senti trahi et avez-vous eu l'impression de ne pas être respecté dans votre vie privée, professionnelle ou sociale ? Reconnaissez ces situations afin d'en défaire les nœuds.

### Sentiment de non-reconnaissance

La non-reconnaissance, c'est l'impression d'être ignoré, de ne pas être entendu ou de ne pas avoir sa place. Vous avez développé maintes et maintes façons de ne pas entrer en résonance émotionnelle avec ces expériences. Vous avez tenté de vous défendre pour éviter de vous retrouver en position de vulnérabilité.

Ne cherchez plus à guérir ce mal-être en rationalisant, en niant, en catégorisant, en projetant ou en blâmant les autres.

### La vulnérabilité est la clé de la guérison

La vulnérabilité est le chemin de l'ouverture du cœur et la clé de la guérison. Souvent, les humains durcissent leur cœur afin d'éviter de ressentir leur vulnérabilité. Lorsque vous vous coupez de situations, de liens, de certains êtres, vous vous coupez de vous-même. En fermant cette porte, vous contractez votre cœur. Vous vous durcissez en créant l'illusion que vous serez ainsi plus fort et invulnérable. Lorsque vous agissez ainsi, votre corps, par le malaise ou la maladie, dans un effort ultime de libération, tente de vous ramener à une Présence compatissante pour vous-même.

Vous êtes maintenant prêt à reconnaître et à transmuter vos blessures. Vous êtes prêt à neutraliser vos karmas. Vous avez la possibilité d'intégrer l'énergie et la Conscience christiques en manifestant un Amour inconditionnel pour vous-même et pour «Tout Ce Qui Est». La personne qui réapprend à s'aimer aime aussi la vie telle qu'elle est et non pas comme elle aimerait qu'elle soit. L'Être qui a cette compréhension a la capacité d'accueillir tous les êtres dans leurs différences.

Enracinez-vous dans votre réalité terrestre, dans la beauté de vos expériences et de vos apprentissages. Choisissez de vivre des moments d'arrêt, de silence et de retour à vous-même. Depuis quand avez-vous adoré le Dieu en vous et honoré le Divin dans l'arbre, la fleur, le papillon ou la petite souris ? La vie s'exprime de tant de façons dans sa beauté !

### Les liens intergénérationnels

Et qu'en est-il des liens intergénérationnels, bien-aimé ? Êtes-vous conscient de leur impact dans votre vie ?

Chaque être humain transmet énergétiquement ses blessures à ses enfants qui, devenus parents, les transmettent à leur tour à leurs enfants, et ainsi de suite, jusqu'à vous. Vous avez Conscience de certaines de ces charges, particulièrement celles qui concernent les transmissions génétiques et les maladies. Mais il y a plus que cela.

Nous vous proposons un rituel pour vous permettre de prendre Conscience que tous les êtres humains sont reliés les uns aux autres. Vous êtes tous, en réalité, UN.

## Rituel alchimique de libération karmique intergénérationnelle

Dans votre Divinité, dans votre Présence « Je Suis », appelez la Conscience christique et voyez un rayon lumineux pénétrer dans votre troisième œil, par le chakra de la couronne, et illuminer les glandes pinéale et pituitaire. Respirez bien tout le long de ce processus et prenez Conscience du Souffle divin, celui de l'Esprit qui crée. Apportez ce rayon dans votre cœur sacré et alimentez ce Feu christique.

Respirez et donnez de l'expansion à cette Flamme, bien-aimé. Voyez-la grandir, prendre de l'ampleur et pénétrer chacune de vos cellules, les illuminant d'un Amour inconditionnel, universel et intemporel.

Respirez. Laissez-vous habiter par l'Énergie christique. Constatez votre Puissance. Elle est la Force du Divin en vous. Devant votre cœur, ouvrez un canal lumineux imprégné de la vibration christique et des rayons Violet, Turquoise, Bleu et Or. Si vous percevez d'autres rayons, accueillez-les aussi.

Restez dans cette ouverture et dans cet accueil.

Invitez les générations qui vous ont précédé à se présenter face à vous dans un portail lumineux que vous avez ouvert. Indiquez-leur que vous êtes ici dans votre Énergie christique, dans votre Présence lumineuse, pour leur offrir la guérison, la transmutation et le dégagement karmique.

Créez ce rituel et visualisez les membres de votre famille. Nous pouvons vous assurer qu'ils sont présents et fort nombreux, peu importe que vous les reconnaissiez ou pas. Il s'agit de simplement respirer et de ressentir leur Présence. Saluez-les avec Namaste, honorez-les ; ce sont vos frères et sœurs qui ont emprunté le rôle de parents, de grands-parents, de frères et de sœurs à diverses époques. Accueillez-les, honorez-les, remerciez-les d'être au rendez-vous, bien-aimé, car ce rendez-vous est maintenant.

Peut-être avez-vous l'impression d'avoir raté ce rendez-vous dans cette incarnation. Le temps n'existe pas dans ces dimensions supérieures. Cela est maintenant ! Accueillez donc vos parents, vos grands-parents, et voyez à quel point ils sont heureux de l'offrande que vous leur faites de vous retrouver ici pour guérir ensemble toutes les blessures d'abandon, de rejet, de trahison, de non-reconnaissance portées depuis si longtemps. Ces blessures ont entraîné jugement, haine et division. Offrez-leur et offrez-vous, bien-aimé, de déposer tout cela dans le Feu de la transmutation.

Ce Feu Violet, Bleu et Or est présent pour vous, maintenant, grâce à ce merveilleux rituel.

Respirez profondément. Dialoguez avec les membres de votre famille. Exprimez-leur ce que vous n'avez pu exprimer en temps réel. Oh ! bien-aimé, créez ce grand bassin d'Amour, créez ce Temple où tout est possible. Parlez-leur de vos blessures, de vos peurs, de vos craintes, de vos fermetures et de vos jugements. Donnez-vous cette permission, bien-aimé. Respirez, transmutez. Laissez aller toutes ces lourdeurs en vous.

Expirez. Dégagez ce qui représente encore pour vous lourdeurs, charges, empreintes, mémoires, karmas, nœuds, codes ou conditionnements. Laissez aller tout cela maintenant. Laissez aller et offrez toute cette dualité à ce Feu magnifique. Dégagez vos cellules, dégagez vos cœurs et, certes, écoutez votre corps si vous avez besoin de bouger ou encore de créer un son. Permettez-vous d'exprimer ce qui demande à l'être et faites-vous confiance.

Créez ce rituel alchimique et sachez que nous sommes présents pour soutenir ce mouvement de transmutation. Vous avez la possibilité de transmuter des mémoires, non seulement les vôtres, mais celles de toutes les générations, et plus encore. Poursuivez.

Qu'il en soit ainsi par le saint nom de Dieu, Adonaï Tsebayot ! Adonaï Tsebayot ! Adonaï Tsebayot ! Qu'il en soit ainsi par la grâce du Dieu tout-puissant, par la grâce du Dieu en vous.

Utilisez votre Épée vibratoire de vérité, de justice, afin de purifier toutes les couches de vos corps émotionnel, mental, éthérique et physique. Délogez au plus profond de vos cellules toutes les mémoires qui représentent encore une limitation à la manifestation de votre beauté, de votre Lumière et de votre Amour inconditionnel.

Reliez-vous à l'égrégore des guerriers de Lumière pour couper ces attachements, ces liens, tous ces codes qui ont ancré en vous ces illusions de souffrance, d'impuissance, de maladie, de dégénération et de mort. Laissez aller toutes ces illusions et remettez-les à ce Feu tout-puissant. Libérez-vous des contrats et des mandats non accomplis.

Appelez maintenant l'énergie de l'équanimité[5], de compassion, de justice, à travers toutes les vies, toutes les dimensions et tous les Plans parallèles. Entamez un chant de reconnaissance, bien-aimé, le chant de l'alléluia : « Alléluia, alléluia. » Mettez-y tout votre cœur, bien-aimé, ce cœur christique.

Éclairez, de votre Présence divine, toutes vos cellules et remerciez les membres de vos familles qui se sont présentés. Honorez-les, saluez-les avec Namaste. Indiquez-leur qu'ils sont libres maintenant de poursuivre leur chemin. Voyez leur Présence lumineuse. Nous les entourons et nous les guidons vers d'autres Plans de Lumière.

Voyez apparaître, si vous êtes concerné, vos enfants, vos petits-enfants et même les générations futures. Accueillez-les et complétez avec eux ce qui a besoin d'être complété. Ouvrez-leur votre cœur et voyez comme ils sont accueillants pour vous et ouverts d'âme à âme. Demandez-leur pardon s'il y a lieu. Expliquez-leur, à partir de la pureté de votre intention, ce qui demande à l'être et ouvrez, pour eux, le grand portail de la Conscience. Ces Êtres sont fort conscients du mandat que vous avez accepté d'endosser avec eux. Indiquez-leur que, par ce rituel, vous les libérez aussi, maintenant, de toutes formes conditionnées, encodées et limitatives que vous avez pu leur transmettre jusqu'à maintenant ou que vous leur transmettrez dans le futur.

---

5. *Équanimité* signifie « égalité d'âme et d'humeur ».

Voyez que tous les enfants de la terre sont vos enfants, que vous ayez donné naissance à travers votre corps ou non. Accueillez maintenant tous ces enfants et recevez l'Amour et la Lumière de leur âme. Bénissez-les par la grâce de Dieu qui vous habite.

Maintenant, entrez en contact avec la Lumière et l'Amour présents pour l'enfant à l'intérieur de vous qui, de vie en vie, a vécu diverses expériences. Invitez-le, lui aussi, à se reposer dans l'Amour inconditionnel de votre cœur sacré. Bénissez-le, bénissez-vous.

Aimez-vous, bien-aimé, aimez-vous, et que cet Amour rayonne sur toute la terre ! Par le saint nom de Dieu, Adonaï Tsebayot, que cela soit accompli à travers cette vibration cristalline diamantaire qui s'ancre dans votre Terre en ce moment.

Nous vous quittons maintenant et emportons avec nous la beauté de votre cœur, la Lumière de votre Être et cette merveilleuse vibration cristalline !

Dieu soit loué dans tous les Plans et sur la terre.

Namaste !

## Les multiples dimensions de l'Être

Bien-aimé, frère ou sœur de la terre,

Depuis quelque temps déjà, vous revendiquez l'accès aux multiples dimensions qui existent dans l'Univers. Elles existent aussi à l'intérieur de vous puisque chacune de vos cellules est une porte ouverte sur ces multiples univers.

Nous vous invitons à utiliser votre faculté d'auto-observation afin de développer votre Conscience, celle qui vous permet de reconnaître l'essence même de l'Être que vous êtes !

Ce faisant, vous entrez dans votre réalité d'Être multidimensionnel.

### Mieux comprendre la troisième dimension

Afin de mieux comprendre les dimensions, il est important de saisir ce que vous appelez la « troisième dimension », puisqu'elle est celle où vous avez accepté de vivre. Elle se caractérise par la densité du monde matériel et par des croyances qui vous maintiennent dans l'illusion et la limitation.

Nous allons ici vous donner quelques exemples qui démontrent que vous êtes happé par la troisième dimension :

- sensation de contraction ;
- sentiment d'abandon ;
- confusion, division ou séparation ;
- perte de direction dans votre vie ;
- absence de Joie ;
- frustration et impatience ;
- jugement sur vous et sur les autres ;
- malaise physique et émotionnel ;
- dépendance ;
- recherche d'un appui extérieur ;
- évitement du vide en allant vers les autres et les activités ;
- volonté de cacher à vous-même et aux autres des vérités par un manque de transparence.

Permettez-nous de vous rappeler à quel point il est important de reconnaître comment vous avez accepté d'être conditionné dans les fréquences de la troisième dimension. Certes, votre mental ou votre intellect vous donne accès à cette information. Vous savez que vous vibrez dans un espace de limitations et vous souhaitez connaître le potentiel illimité qui vous habite afin d'accéder à d'autres fréquences.

Pour accéder aux aspects illimités de votre Être vibrant et déjà présent dans d'autres dimensions, il vous faut avant tout reconnaître ce qui vous empêche d'accéder à la Joie d'être dans l'instant présent.

Pour les humains, la dimension terrestre est souvent associée à une forme de prison. Vous croyez, selon la loi de cause à effet, avoir contracté une dette que vous devez payer selon la loi du karma. Cette notion est erronée. Il s'agit plutôt de prendre Conscience de ce qui demande à être guéri et de le transmuter afin de vivre dans l'instant présent, l'ouverture, l'expansion et la Joie. De nombreux humains croient encore que, lorsqu'ils quittent leur corps, ils entrent dans une dimension plus lumineuse, plus joyeuse, plus harmonieuse, plus paisible et plus heureuse. N'est-ce point le cas ?

Intégrez le paradis à l'intérieur de vous et expérimentez, à chaque instant, la Joie d'Être ce que vous êtes. Tant que vous entretiendrez cette notion que l'au-delà est supérieur à l'« ici-et-maintenant », vous maintiendrez cet aspect limitatif et créateur d'illusions qu'est la Conscience dans la troisième dimension.

Choisissez maintenant, dans cette incarnation, bien-aimé guerrier de Lumière, de spiritualiser la matière.

Mais que veut dire spiritualiser la matière ? La matière, bien-aimé, comprend votre corps, que vous percevez souvent dans la Conscience limitée de votre mental inférieur.

Dans la troisième dimension, vous avez accepté de limiter votre vie à une multitude de croyances comme celles du vieillissement, de la dégénérescence, de la maladie et de la mort. Contemplez pendant un instant vos créations, bien-aimé.

La quatrième dimension est celle de la connaissance universelle, du choix et de l'énergie du cœur.

Pour accéder à ces aspects multidimensionnels, choisissez de vous positionner dans le Temple de la connaissance, celui de la quatrième dimension.

Positionnez-vous dans votre *hara*, le « temple sacré de votre Être ». De là, élevez-vous vibratoirement pour entrer dans la quatrième dimension, qui est en réalité une porte ouverte sur toutes les autres dimensions. Vos corps de Lumière, déployés, sont en contact avec ces dimensions. Toutefois, pour y accéder, nous vous demandons de ressentir la fréquence de l'Être au-delà du mental et de l'intellect.

Vous devez vous détacher de votre corps émotionnel qui nourrit les pensées de dualité associées à la peur. Et qu'est-ce donc que la peur, bien-aimé ?

La peur primordiale chez les humains est celle de mourir, celle de ne plus exister. L'ego, nourri par le corps émotionnel, s'empare de cette peur en créant des distorsions et des illusions qui vous maintiennent dans le doute et la dualité et vous empêchent de vous abandonner à la vastitude de votre Être.

Prenez Conscience que l'accès aux multiples dimensions de votre Être n'est pas de fuir le quotidien ni de souhaiter quitter la troisième dimension, mais plutôt d'accepter d'y vivre pleinement dans l'intégralité et la reconnaissance de ces dimensions en vous.

Plus vous faites le nettoyage de vos aspects émotionnel et mental, plus vous avez la capacité d'identifier vos scénarios liés à l'ego et de vivre en accord avec l'énergie du cœur. La fréquence d'Amour est celle de la quatrième dimension.

Pour accéder à la fréquence d'Amour, il s'agit avant tout d'apprendre à relaxer. Par exemple, si vous ressentez une contraction dans votre poitrine, votre plexus ou votre hara, reconnaissez cette contraction et acceptez-la. Prenez le temps de vous arrêter, de vous asseoir pour observer ce qui est. Grâce à cette auto-observation, une ouverture se crée. Toutes les peurs venant du mental et des émotions sont des illusions et des voiles sur la réalité sublime de l'existence éternelle.

Vous êtes éternel et lorsque vous entrez totalement en résonance avec cette réalité, vous perdez la peur de ne plus exister ainsi que celle de mourir. Vous avez toujours existé et vous existerez toujours.

La quatrième dimension est aussi celle où circule la connaissance universelle. Par votre ouverture, vous accédez à la banque de données universelles, y compris celle de toutes vos vies. Vous entrez alors dans la Conscience supérieure associée à l'Énergie christique et à la Sagesse. Cette Sagesse est une partie intégrante de vos corps de Lumière et de votre Être. En accédant à cette connaissance, vous créez de nouvelles réalités. Comprenez, bien-aimé, que pour recréer le paradis, vous devez puiser, au-delà du mental humain, à la Source des connaissances infinies.

En délaissant le domaine du faire, y compris le questionnement mental, vous pénétrez dans un espace où l'Être entre dans la fréquence du cœur. Ce sont les attachements au mental et aux émotions qui vous empêchent de vivre dans la quatrième dimension. Nous ne parlons pas des émotions elles-mêmes ni du mental, mais plutôt de votre attachement à maintenir en place des façons de voir et de faire qui vous coupent de votre Être.

En vous positionnant à la fois dans l'abandon et le lâcher-prise, vous accédez à un espace où vous recevez l'information juste, issue de la Sagesse divine. Vous vous nourrissez en fait à la Source de « Tout Ce Qui Est ». Grâce au Souffle divin, vous accueillez l'inspiration requise pour créer votre vie et votre réalité. Ainsi, vous élevez les fréquences de votre matérialité, associée à l'énergie de la troisième dimension. Vous illuminez et spiritualisez la matière en permettant à la terre de s'élever elle aussi.

Respirez de nouveau très profondément. Puis, constatez, bien-aimé, qu'il s'agit simplement, dans l'instant présent, de vous positionner à la fois dans la troisième dimension par la Conscience de votre enracinement et de votre corps et dans la quatrième dimension par la Conscience de votre cœur.

Recréez cette situation le plus souvent possible. Il s'agit, dès le réveil, de vous positionner dans votre Présence divine, dans votre « Je Suis », en vous rappelant que des parties de votre Être vibrent dans d'autres dimensions. Ainsi, vous pourrez joindre et intégrer les connaissances appropriées afin de manifester la pensée juste pour l'action juste sur la terre.

Depuis l'ouverture de la convergence harmonique en 1987, des Plans de Lumière se sont ouverts au travers de multiples portails. Une grille d'Énergie christique a été restaurée sur votre terre, laquelle permet un accès plus fluide et aisé aux dimensions supérieures.

Ces dernières années, des cités et des vaisseaux de Lumière se sont positionnés autour de la Terre. En réalité, ces vaisseaux, issus de la fraternité intergalactique et universelle, sont présents afin de nous permettre à nous, des Plans célestes et subtils, d'observer et d'aider nos frères et sœurs dans leurs mouvements créateurs. Nos Présences vous donnent la possibilité d'accéder aux Sources d'information présentes dans ces cités de Lumière.

Vous avez constamment la possibilité d'entrer en résonance avec ces cités de Lumière et d'aller y puiser, tout particulièrement durant le sommeil, des enseignements, des expansions de la Conscience, des guérisons et des transmutations. Ces cités sont offertes, grâce à l'Amour de la fraternité galactique, comme des tremplins à vous qui avez choisi d'ascensionner.

Ainsi, avant d'aller dormir, ayez l'intention d'aller dans ces cités de Lumière pour y recevoir ce qui est approprié pour vous afin de l'intégrer et de le manifester dans votre quotidien. Actuellement, vous recevez des énergies des Plans de Lumière pour vous guider et vous accompagner sans toutefois prendre votre place, car, nous le répétons, vous êtes le maître d'œuvre de votre vie. Vous créez votre réalité et vous créerez la nouvelle Terre.

Revendiquez ces enseignements afin d'y puiser la connaissance, la Sagesse et la Conscience christique et de nourrir ainsi l'expansion de votre Être et de votre terre.

Et choisissez de créer maintenant à partir des dimensions associées à l'Être christique que vous êtes.

### La cinquième dimension : l'« état d'Être »

En ce qui concerne la cinquième dimension, vous la connaissez sous le nom *Shamballa*, « là où vibrent les Présences des maîtres ascensionnés ». Cette dimension est avant tout un état d'Être, une dimension vibratoire où le Soi vit et règne.

Cette cinquième dimension se vit comme un état de grâce. Quand vous vivez une Joie profonde et une Paix intérieure qui ne sont liées à aucun événement ou à aucune circonstance particulière, vous êtes alors, bien-aimé, dans la vibration de la cinquième dimension. Cette Joie et cette Paix sont celles de votre âme originelle.

Tous les humains sont appelés à vivre dans la cinquième dimension, là où vibrent les âmes qui se sont réalisées. N'est-ce point merveilleux ?

Cette expérience vous est réellement accessible. Souvent, vous gardez l'illusion que les maîtres réalisés et les Êtres illuminés sont des créatures spéciales tels Jésus, Bouddha et Krishna. Vous idéalisez en quelque sorte ces entités, tout comme vous nous idéalisez souvent, nous, des Plans archangéliques et angéliques. Ce faisant, vous créez une distance entre vous et la projection que vous vous faites de nous. Nous sommes présents pour vous rappeler, tout simplement, qui vous êtes.

Cette cinquième dimension, nous vous le rappelons, est celle de la Paix, de la Joie, de l'Harmonie dans la rencontre harmonieuse des Êtres que vous êtes. Voilà, en quelques mots, ce que signifie l'état de grâce dans l'inclusion de «Tout Ce Qui Est».

Respirez profondément. Abandonnez-vous à l'expansion de votre Être. Acceptez tout simplement d'aller au-delà de la limitation de votre corps physique. Entrez dans la résonance de vos corps de Lumière, cette armure vibrant à l'infini dans tous les Plans. Donnez-vous le droit aux quatrième et cinquième dimensions.

## Rituel d'intégration de votre Être multidimensionnel

Respirez profondément. Visualisez, bien-aimé, un rayon Argent qui vous propulse dans la quatrième dimension. Montez. Montez dans cette dimension plus élevée. Dans l'expansion de vos corps subtils, voyez apparaître une pyramide de Lumière, une pyramide cristalline.

Créez la réalité de cette pyramide dans la Conscience d'être dans la quatrième dimension. Revendiquez cela simplement et pénétrez dans votre vastitude, sans attente. Abandonnez toute attente. Acceptez d'Être tout simplement porté par le silence intérieur, au-delà du mental. Soyez et accueillez.

Respirez profondément. Voyez maintenant apparaître un rayon Or qui vous propulse dans la cinquième dimension. Dans cette pyramide lumineuse, ressentez cette vibration. Respirez profondément. Voyez se dissoudre toutes vos limitations terrestres. Entrez dans l'infini. Entrez dans la grâce de votre Être.

Peut-être entendez-vous une douce résonance, appelée « musique des sphères », qui est la vibration de votre âme. Respirez profondément, car l'Être se nourrit du prana divin et de la Lumière. Redescendez dans la quatrième dimension dans un mouvement de spirale. Revenez dans ce Temple sacré, dans le rayon Argent, prenez de l'expansion et demandez à pénétrer dans une salle spécifique afin d'y recevoir des enseignements ou, dans une autre salle, choisissez la guérison ou encore la transmutation, et ainsi de suite. Percevez le potentiel illimité de ce lieu sacré. Respirez profondément, bien-aimé, afin que vos cellules puissent en porter la mémoire. Vibrez, résonnez, respirez, intégrez.

Tout doucement, maintenant, acceptez de réintégrer la Conscience de votre corps, votre véhicule, tout en portant la résonance vibratoire des quatrième et cinquième dimensions.

Respirez et reconnaissez avec gratitude votre véhicule physique, ce corps qui vous permet dans ce mandat d'incarnation d'expérimenter et d'intégrer, dans votre réalité physique et matérielle, la Lumière des dimensions supérieures.

Respirez profondément et prenez le temps de contempler maintenant votre corps dans la luminosité de chacune de ses cellules, dans l'Amour qui vous habite, dans la fréquence christique du cœur et de la Conscience unifiés en vous.

Respirez, bien-aimé, dans votre Lumière. Respirez dans l'Être que vous êtes et expérimentez la Joie de l'instant. Ici, maintenant !

Nous vous suggérons maintenant d'ancrer par une vibration sonore ce que vous avez perçu et ressenti afin que vos cellules se rappellent cette résonance vibratoire et que votre terre l'accueille et la mémorise aussi.

Nous suggérons la résonance de la vibration du « A », vibration d'Amour. Intégrez et offrez cela : « Aaaa ». Puis, intégrez, avec le « om », la vibration universelle.

Grand silence.

Nous bénissons l'Être multidimensionnel que vous êtes. Par vous, bien-aimé, nous bénissons aussi Gaïa.

Il en est ainsi !

# *Appel à la manifestation sur la terre*

## L'état d'Être et la transformation de votre humanité en Divinité

Je suis Michaël, celui qui cherche et porte la Lumière dans tous les univers. Vous êtes aussi, cher guerrier, celui qui cherche et porte cette Lumière et qui grâce à son engagement est prêt à matérialiser le paradis sur terre.

### Passer de la troisième à la cinquième dimension

Dans votre quête de Lumière, vous êtes en transition entre la troisième et la cinquième dimension. Dans une telle position, il est possible que vous ayez parfois de la difficulté à percevoir où vous en êtes, puisque, même si vous êtes ouvert aux nouvelles énergies, vous êtes encore imprégné des anciennes.

Comme vous ne pouvez plus vous référer à vos anciens repères, vous avez parfois l'impression d'être confus ou perdu. Les codes de division sont maintenant désuets, car ils ne servent plus votre Conscience. C'est pourquoi vous êtes appelé à adopter de nouvelles façons de voir issues de vos pensées les plus élevées et à ouvrir votre cœur afin de capter la fréquence christique de l'Amour inconditionnel. Le cœur est la clé de l'ouverture à vous-même.

Rappelez-vous que le guerrier qui entre en action à partir de sa personnalité ou des énergies de peur, ou avec l'intention de sauver les autres, procède encore à partir des énergies de dualité propres à la troisième dimension.

Développez un état profond d'Être afin que vos actions soient soutenues par la Conscience, la Sagesse et la Lumière.

En reconnaissant et en manifestant votre mandat d'âme, vos corps de Lumière, parties intégrantes de votre armure, pénètrent votre corps physique pour transformer votre humanité en Divinité.

Ces corps vibratoires portent la Sagesse et la connaissance. Ils s'activent par votre Conscience et par le choix d'« agir » les qualités de votre âme.

Il est primordial de revenir à la Source même de votre Être, à ce « Je Suis » qui est pure Lumière, pure Conscience christique.

Revendiquez cette Lumière et créez, par le silence, l'intériorité et la Présence, les espaces susceptibles d'ouvrir les portes de votre Conscience. Ce faisant, vous percevrez les différentes facettes de votre être qui vibrent encore à la souffrance, à la limitation, à l'illusion et à la dualité afin que vous puissiez les transmuter.

Le guerrier conscient est celui qui est présent à lui-même et à la vie. C'est ainsi qu'il peut percevoir et recevoir toutes les énergies qui se manifestent sur terre.

Vous êtes, cher guerrier, porteur de Lumière, celle qui est le centre même de votre Être. Cette Lumière, comme un rayon, vous amène à discerner avec clarté ce qui est juste et ce qui ne l'est plus. Vous retrouvez ainsi l'état sacré de l'Être véritable.

## Comment vivre la cinquième dimension ?

Vous pouvez vivre la cinquième dimension en manifestant la pleine Conscience et l'Amour. En entrant dans les énergies supérieures, vous ancrez les fréquences christiques de la cinquième dimension.

Voilà ce que vous portez en tant que guerrier, frère ou sœur de la terre. Vous ouvrez les portes lumineuses de la Conscience.

Dans cette dimension, vous et votre planète êtes soutenus par les deux ailes de votre mandat sacré : l'aile de la Conscience et l'aile de l'Amour.

Et comment, frère ou sœur, nourrirez-vous l'Être ? Avant tout, vous le nourrirez par un retour constant à vous, dans un silence porteur de vérité, d'authenticité.

## Le hara, le centre sacré de votre Être

Votre planète vous appelle à participer à ce mouvement d'ouverture et d'expansion. Elle vous incite à retrouver le Soleil qui rayonne en vous comme un diamant. Elle vous invite à nourrir cet espace à l'intérieur de vous.

Bien-aimé, nous vous demandons maintenant de créer un Temple, non seulement sur le plan du cœur, comme vous l'avez déjà fait, mais aussi sur le plan du hara. Le hara est le centre sacré de votre Être, là où les deux polarités s'équilibrent et s'unifient dans l'Unité. Le hara est l'endroit où vous joignez et manifestez votre pouvoir de cocréateur et de maître d'œuvre sur terre. Vous êtes maintenant prêt, comme le chevalier en quête du Graal, à puiser au plus profond de votre Être l'illumination éclairée du « Je Suis ».

## La reconnaissance de qui vous êtes

Plus vous reconnaissez qui vous êtes, plus vos intentions sont puissantes pour créer une nouvelle Terre. Poursuivez le chemin dans cet état d'Être intégré et endossez votre mission sacrée.

Mes guerriers sont porteurs de cette Force puissante de manifestation centrée dans leur Être, en contact avec leur Sagesse et leur Amour. Ils sont des piliers, des ponts de Lumière, des phares invitant, par leur Présence, la reconnaissance de l'Être chez leurs frères et sœurs.

Pouvez-vous percevoir la beauté et la grandeur de votre mandat ? Pouvez-vous percevoir, bien-aimé, la Puissance de votre Être ? Pouvez-vous la reconnaître, la nourrir et la déployer ?

Sachez que vous serez soutenu par l'énergie cosmique qui est à votre service ainsi qu'au service de la terre.

Vous êtes passeur de Lumière et vous permettez aux fréquences universelles de nourrir le cœur même de Gaïa. Chaque fois que vous joignez le centre même de votre Être, vous devenez cette Force puissante, pierre d'assise dans votre hara.

En laissant émerger ainsi cette Force, offrez à vos frères et sœurs ainsi qu'aux éléments sur la terre de se reconnaître dans cette énergie, Source de créativité sur votre planète. La Source vous a créé à partir du point central de Lumière. Devenez aussi cocréateur à partir du point central de votre Être.

## L'utilisation de votre Épée comme instrument de l'action juste

Votre Épée de Lumière deviendra alors un outil imprégné de l'énergie de Conscience et d'Amour. Elle agira comme un rayon laser précis et juste, ensemençant la Lumière sur la terre.

Votre Épée peut purifier, défaire d'anciens codes et des égrégores, trancher et créer de nouveaux circuits de Lumière. Vos outils sacrés sont de véritables ancrages, des Forces en action de votre Lumière et de votre Puissance !

Vous ressentirez, bien-aimé, qu'à partir de l'action juste, celle portée par la Présence, votre manifestation est immédiate, votre création est immédiate. Vous en aurez des confirmations.

Actuellement, votre terre épure les énergies anciennes tout comme vous le faites vous-même. Sachez qu'en cette phase d'épuration, de nombreux conflits peuvent être résolus par une pensée focalisée avec une intention pure et claire.

Les nouvelles fréquences portent et nourrissent l'Être que vous êtes. Revendiquez-les et intégrez-les.

Déjà, nous pouvons percevoir que vos actions créées dans la Conscience seront différentes et créatrices.

Nous vous honorons, bien-aimé guerrier, pour ce choix, cet engagement à servir votre Être et votre terre.

## Rituel d'ancrage pour aller au plus profond de votre Être

En premier lieu, unifiez votre Bouclier à celui des autres humains à partir du centre de votre cœur et encerclez Gaïa de votre Amour. Reliez-vous à nous, des Plans de Lumière, y compris ceux des Plans intraterrestres où de nombreux guerriers collaborent à l'ancrage de nouvelles énergies.

Pour renforcer le sentiment d'Unité, prenez Conscience de votre Antahkarana[6], ce grand pont de Lumière multidimensionnel. Unifiez votre énergie à celle des autres humains avec la résonance du son universel « Aum » à trois reprises.

Maintenez la Présence et voyez que votre chakra coronal s'ouvre et percevez une matrice Or comme un soleil ou un cercle.

Respirez profondément. Ouvrez votre troisième œil. De cette matrice, nous « impulsons » maintenant la Flamme de l'Esprit saint, la Flamme de la Conscience universelle et multidimensionnelle. Elle illumine les glandes, pituitaire et pinéale, antennes de votre Conscience. Demandez qu'elles soient reprogrammées, recalibrées par cette Flamme christique. Respirez profondément.

Permettez à cette Flamme de pénétrer le chakra de la gorge et de l'éclairer afin que la parole d'Or, celle inspirée par l'Esprit, soit présente dans votre vie.

Respirez profondément. Accueillez, acceptez de recevoir cette grâce. Le Feu descend jusqu'à votre cœur sacré. Voyez qu'un intense rayonnement se propage à partir de votre cœur.

L'Esprit divin intègre votre cœur sacré, créant ainsi un pont entre votre Conscience, votre Sagesse et votre cœur christique. Rayonnez par une vibration sonore, par votre « Aum » sur toute votre terre : « Aum... Aum... Aum... »

Que votre cœur soit le propulseur de ce rayon ! Voyez qu'il pénètre maintenant le cœur même de Gaïa.

---

6. Voyez l'exercice de l'Antahkarana dans le livre *Appel aux guerriers de Lumière* (Amlas-Marie, Éditions Le Dauphin Blanc).

Respirez profondément et voyez ou ressentez maintenant la Flamme de l'Esprit saint descendre dans votre plexus qui devient un soleil incandescent. Le Feu recalibre le mental inférieur et le transmute dans les Plans supérieurs de la Conscience.

Respirez profondément, intégrez, cocréez.

Cette Flamme pénètre maintenant votre hara sacré.

Respirez profondément. L'Esprit saint bénit maintenant vos essences féminine et masculine, les deux polarités. Reconnaissez-les dans leur Divinité.

Appelez la Mère divine afin qu'elle puisse « adombrer[7] » l'essence même du principe féminin. Prenez le temps d'honorer ce principe divin en vous.

La Flamme de l'Esprit éclaire maintenant le principe masculin. Appelez et honorez le Père en vous. Imprégnez le principe masculin de cette Énergie divine.

Bien-aimé, créez maintenant un pont entre ces deux principes.

Entrez dans l'essence de l'Être complet en vous.

Joignez votre chakra racine pour porter maintenant l'ancrage de l'Être à la terre. Enracinez ces fréquences dans la terre et la Conscience de la race humaine par un son.

Cocréez et manifestez, bien-aimé, la Puissance de l'Esprit saint en vous. Voilà ce qu'est la fonction sacrée du guerrier de Lumière.

Dans le silence, contemplez la beauté de votre création.

À partir du point central de votre Être, reflet du point central de la Source même, soyez un guerrier victorieux, un guerrier impeccable, un guerrier rayonnant.

S'il vous plaît, bien-aimé, poursuivez le rayonnement d'Amour sur la terre au quotidien à partir de votre Bouclier unifié au nôtre.

Positionnez vos Épées autour des égrégores qui vibrent encore dans les énergies lourdes. Ensemencez la Lumière.

---

7. *Adombrer* signifie « s'imprégner en totalité ».

Nous remercions Gaïa pour son accueil inconditionnel et l'intégration de l'Esprit saint dans le cœur même de son Être.

Je suis celui que l'on appelle le « porteur de Lumière ».

Namaste !

### Adombrer ou adombrement

Dans la terminologie de la théosophie[8] et plus particulièrement de la magie blanche, l'*adombrement*, ou l'*action d'adombrer*, est « un processus par lequel un être spirituellement très avancé, le plus souvent un maître de Sagesse, utilise le véhicule physique d'un disciple (généralement un initié de niveau assez élevé) afin de transmettre des enseignements ». La Conscience du maître pénètre temporairement les corps physique, émotionnel et mental du disciple et travaille par leur intermédiaire. L'adombrement est employé lorsque le maître n'est pas lui-même en incarnation et qu'il souhaite toucher rapidement l'humanité.

## *L'enracinement, la Présence à ce qui est*

L'Énergie christique a été réactivée par le maître Yeshua (Jésus) et elle prend maintenant totalement son ampleur, en vous et sur la terre. Vous êtes son messager et son porteur de Lumière. C'est pourquoi il est important de prendre Conscience de votre Présence et de bien l'enraciner sur la planète en acceptant d'être totalement dans votre corps, ici et maintenant.

### L'importance d'habiter et d'aimer votre corps

L'enracinement, bien-aimé, se manifeste avant tout par votre Joie de vivre ainsi que par celle d'habiter votre corps et de l'aimer dans toutes ses caractéristiques, et ce, sans jugement. Votre corps réagit à chacune de vos pensées et lorsque vous le jugez ou que vous manifestez des malaises à répétition, il ancre et manifeste ces jugements ou ces malaises. Prenez Conscience que, ce faisant, vous vous éloignez de la Conscience christique, qui est non-jugement et Amour inconditionnel pour « Tout Ce Qui Est ».

8. Doctrine philosophique, d'inspiration mystique et ésotérique, visant à atteindre une meilleure connaissance de Dieu (*Antidote*).

Guérissez cette habitude de juger et aimez votre corps. En empruntant ce magnifique véhicule, vous avez accepté d'ancrer votre Lumière, votre Amour et votre Divinité dans la matérialité. Ce faisant, vous permettez à cette Lumière de circuler dans chacune de vos glandes, dans chacun de vos organes et dans chacune de vos cellules.

Le moment est venu de transmuter cette matière que sont vos corps mental, émotionnel, éthérique et physique. Chaque fois que vous faites le geste de guérir un aspect que vous jugiez auparavant, ce geste profite aussi à votre Mère Terre. Il est important d'en être conscient pour éviter de saboter ce que vous aviez commencé à créer.

Sur le chemin de l'éveil, il est fort important de développer la faculté d'auto-observation, de devenir le témoin qui observe sans jugement, avec Amour et neutralité, «Tout Ce Qui Est». Alors, vous identifierez plus aisément la ou les causes de ce sabotage.

**Les qualités d'enracinement: ouverture, beauté, mouvement, flexibilité et Présence**

En réalité, les qualités de l'enracinement se manifestent par votre capacité à vous ouvrir à ce qui est, à ce qui se présente sur votre chemin, que ce soit sur les plans émotionnel, relationnel ou matériel, ainsi qu'à l'aisance avec laquelle vous manifestez la beauté autour de vous. Cette beauté fait partie des réalisations qui permettent à l'âme de s'épanouir.

Votre âme aime la beauté. L'Être profond que vous êtes aime la beauté. Dieu aime la beauté. Dieu a manifesté une grande variété de beautés. Poursuivez et créez la beauté ! Laissez aller ces réflexes qui vous font croire que si vous vous permettez d'Être dans l'abondance, la prospérité et la beauté, il y en aura moins pour les autres. Cela est faux. Au contraire, bien-aimé, plus vous vous permettez de créer dans l'aisance et la reconnaissance de ce droit divin, plus vous permettez à d'autres personnes d'être touchées par cette manifestation de grâces, et ainsi de s'ouvrir à la Joie de créer.

Pour recréer ce paradis sur terre, vous devez cesser de croire que le paradis est ailleurs, dans un au-delà, et non point ici, maintenant, là où vous êtes. À cet égard, plusieurs humains entretiennent la pensée secrète que ce sera mieux, plus aisé, plus fluide, plus lumineux et plus heureux lorsqu'ils seront en dehors du Plan terrestre. Sachez que ce qui vous est demandé maintenant est de recréer ce paradis dans votre quotidien. Cela est un mandat divin porté par votre Conscience christique.

La création est un mouvement continuel. L'enracinement l'est aussi. Il n'est pas, comme certains le croient, un ancrage lourd dans votre matière que vous tentez de garder de façon inflexible. Non point. Observez vos frères, les arbres. Leurs racines sont puissamment ancrées dans la terre et leurs branches portent des feuilles constamment en mouvement. Ils sont flexibles dans leur mouvement et dans leur ouverture à « Tout Ce Qui Est ». Cette ouverture à recevoir le prana permet à cette sève divine de circuler. Rappelez-vous cette image, bien-aimé. Pour maintenir votre Force, votre solidité dans votre alignement, gardez cette flexibilité et observez ce qui est fluide en vous ou ce qui bloque l'énergie.

Est-ce une réaction à une situation ? Est-ce une pensée qui entraîne une contraction ? Est-ce un malaise, une douleur dans une partie de votre corps qui appelle votre attention ?

La Présence ! La Présence, bien-aimé, est votre outil premier pour garder la Conscience de l'enracinement. La Conscience de l'enracinement implique que vous accueilliez, guérissiez et transmutiez ce qui crée encore des résonances avec l'ancienne énergie de division, séparation, dualité, souffrance, peur, doute, confusion et ambivalence.

Lorsque vous marchez dans la nature, êtes-vous vraiment conscient de votre corps ? Êtes-vous présent à la nature ? Êtes-vous présent au prana dégagé par les arbres, les fleurs, les pierres et la terre ou êtes-vous dans votre mental à prévoir le moment où vous retournerez à la maison et ce qu'il y aura alors à accomplir ou ce qui a été fait hier ?

## La Conscience de qui vous êtes est enracinement

Pour vous aider à développer la Conscience de l'Être christique, nous vous suggérons de le percevoir juste au-dessus de vous puisqu'il est l'intermédiaire entre votre Monade et « Tout Ce Qui Est ». Entraînez-vous à vous référer constamment au « soi » christique en tant que témoin. Petit à petit, vous observerez que l'Être christique prendra place, fusionnera avec vous et pénétrera vos corps de Lumière pour se retrouver dans la Source incommensurable de votre cœur, la triple Flamme qui, à son tour, alimente l'Esprit saint dans un mouvement d'aller et retour : Amour et Conscience.

Cet appel conscient de la Présence christique en vous et autour de vous « est » l'enracinement.

Nous vous invitons maintenant, bien-aimé, à observer tous les aspects de votre vie, que ce soit la santé de votre corps physique, émotionnel et mental, et à observer, tout particulièrement, comment vous vivez vos relations actuellement sur tous les plans : familial, social et amoureux. Comment vivez-vous vos liens intergénérationnels ?

Observez maintenant votre rapport au travail et à la matérialité, à la créativité, à l'argent et à l'abondance. Vous permettez-vous d'être dans l'abondance ? Où sont vos limites ? Quels sont vos jugements et vos croyances quant au bonheur, à la Joie, à la santé, à la régénération, à la jeunesse éternelle et même à l'immortalité ?

## La véritable guérison est la transmutation

Aujourd'hui, vous réalisez à quel point vous vous êtes éloigné de la beauté de la création, à quel point votre planète est polluée et à quel point l'ego a contaminé tous ses aspects. De plus en plus, vos médias et vos journaux relatent ces faits. Certes, les bouleversements de Gaïa sont des appels à l'éveil. Ainsi, il n'est plus possible pour la race humaine d'ignorer les conséquences de ses pensées et de ses actes.

Après cette phase d'éveil, vous entrez dans la phase de l'épuration : celle du dégagement des anciennes énergies cristallisées et rigidifiées en formes-pensées et attachements qui ont créé des lourdeurs dans votre corps et dans celui de la Terre. Tout ce vous épurez dans votre propre vie et que vous transmutez, Gaïa, votre planète, fait de même. Voilà pourquoi il est si important en ce moment de prendre Conscience que la véritable guérison est transmutation. Il ne suffit plus de dire : « J'accepte de guérir cet aspect émotionnel relié au passé, j'accepte cette expérience. » Il est impératif de transmuter tous les aspects de vous-même, de recalibrer vos cellules ainsi que vos corps et de neutraliser vos lourdeurs pour ramener la Lumière, la Fluidité, l'Amour, la Compassion et la Joie.

## Faites le choix de transmuter votre ego

En troisième lieu, vous avez à choisir de totalement transmuter l'ego, celui qui vous a permis d'« expérimenter » sur la terre et dans votre corps. Cet ego qui a pris une ampleur considérable n'a plus sa raison d'être. Soyez vigilant afin de prendre Conscience des moyens qu'emprunte l'ego pour tenter de vous maintenir dans ce que vous avez connu jusqu'à présent, dans l'illusion de sécurité. Demandez à votre Présence christique d'éclairer toutes les zones de limitations auxquelles vous faites face afin de les transmuter et ainsi de diminuer le pouvoir de l'ego, qui trop longtemps a été au service du mental et des dimensions associées à la dualité et à la souffrance.

Ces trois étapes, l'éveil, l'épuration et la transmutation, sont aussi celles que votre terre est appelée à vivre.

Recréer ce paradis sur votre terre implique que vous laissiez aller totalement cette matrice de souffrances pour, à nouveau, vibrer et rayonner dans la Joie, la beauté et la grandeur de votre Présence christique. En ce temps d'éveil, soyez vigilant et impeccable dans votre engagement à servir et à rayonner la Lumière sur la terre. Invitez aussi vos frères et sœurs à s'ouvrir à leur propre Lumière.

Nous vous invitons maintenant à prendre quelques minutes pour entrer à l'intérieur de vous et pour observer votre réalité afin d'y déceler où sont les obstructions et les barrages à la fluidité du mouvement de vie et de création. Créez cet exercice d'observation, entrez dans votre Temple divin et ciblez tout ce qui demande une « expansion » dans certains aspects de votre vie.

Nous sommes fort heureux et touchés, bien-aimé, d'avoir la possibilité de collaborer avec vous dans l'ancrage de nouvelles formes-pensées et la création de manifestations divines.

Nous vous guidons, nous vous aimons. Nous vous soutenons dans ce processus magnifique de renaissance à vous-même ainsi qu'à celle de Gaïa. Vous en êtes le maître d'œuvre.

À votre service,

Je suis Michaël.

## La voie de l'éveil et de la réalisation

On m'appelle le « grand guerrier de Lumière », le « régent des Plans de Lumière ». Ma vibration, mon rayon Bleu, descend pour vous bénir dans la reconnaissance du lien qui nous unit. N'est-ce pas un moment magnifique quand nous entrons en relation ?

### La transformation

Vous êtes en pleine transformation. C'est la raison pour laquelle vous perdez quelques-uns de vos repères habituels, que ce soit dans vos relations ou sur le plan fonctionnel. C'est une étape merveilleuse, mais nous en convenons, quelque peu déroutante et exigeante. De nouvelles énergies émergent, propres à élargir votre Conscience et votre cœur, dans un nouvel engagement de votre âme.

Dans ce contexte de transformation, laissez aller vos balises et vos repères habituels. Sachez que, déjà, Gaïa a atteint la cinquième dimension. En se positionnant, elle vous invite aussi à le faire comme votre âme vous y invite aussi en créant diverses situations et manifestations dans vos corps physique, émotionnel, mental, énergétique et spirituel. Ces manifestations sont là pour vous rappeler le pourquoi de votre existence sur terre.

Comme nous vous l'avons déjà signifié, depuis la convergence harmonique en 1987, la terre a créé une ouverture qui a permis une percée importante dans la Conscience collective des êtres humains. Et nous, des Plans de Lumière, répondons avec Joie à l'invitation de vos âmes et de Gaïa afin de vous accompagner dans cette ultime étape que traverse votre planète. Cette ouverture crée un passage ascensionnel qui offre la possibilité à chaque être humain d'emprunter cette voie de l'éveil et de la réalisation.

Nous, de la hiérarchie céleste, sommes mandatés pour travailler avec vous en utilisant différents rayons et différents portails afin de permettre l'infusion de nouvelles fréquences. Et quelles sont ces nouvelles fréquences, bien-aimé ? Ce sont des fréquences vibratoires supérieures, celles de l'Amour et de la Conscience christique qui soutiennent l'Univers, votre galaxie et votre Terre.

Ces énergies se présentent, depuis l'équinoxe du printemps 2009, sous la forme d'une vibration spécifique appelée « vibration cristalline ». Cette vibration est un appel à l'énergie de la transparence en vous et en votre âme. Par ailleurs, depuis le grand concile de Lumière, une fréquence ultraviolette descend sur terre pour imprégner votre Conscience, votre cœur et votre âme.

Cette vibration est imprégnée de vertus divines qui sont déjà présentes en vous. Toutefois, comme vous avez occulté pendant de nombreuses incarnations cette réalité divine, vous devez maintenant la revendiquer afin de l'ancrer sur terre.

Il est temps d'être conscient de vos choix et d'être clair, transparent dans votre engagement par rapport à l'éveil de votre âme, bien-aimé, frère ou sœur de la terre !

Ces qualités vibratoires vous sont offertes sur un plateau d'Or et d'Argent. Toutefois, vous avez à créer les ouvertures appropriées pour non seulement les recevoir, mais aussi pour les intégrer. Cette ouverture s'opère dans le lâcher-prise. Ce processus constant vous ramène dans la Conscience du moment présent.

## Prenez le temps d'entrer en relation avec vous-même

Vous chevauchez actuellement plusieurs dimensions. Certains aspects de votre Être sont déjà présents dans la cinquième dimension et, pour utiliser une expression terrestre qui vous fera sourire, « traînent un peu de la patte » ! *(rires)* Ainsi, ne vous surprenez point si, certains jours, vous vous sentez fatigué et inerte. C'est un appel à interrompre vos activités afin de revenir à la Présence de l'Amour qui vous habite.

Tout s'accélère, en ce moment, sur la terre. Pas étonnant que vous ayez parfois l'impression de manquer de temps ou que les journées vous semblent plus courtes qu'avant. De plus, vous vivez l'expérience de vous situer dans plus d'une dimension à la fois. C'est pourquoi vous avez parfois l'impression d'être confus et d'avoir perdu la mémoire ! Vous devez alors abandonner certaines croyances, comme celles d'être malade ou d'être condamné à vieillir. Ces croyances sont celles de la deuxième et de la troisième dimension.

Voilà pourquoi, bien-aimé, il est si important de faire appel à votre Conscience, de faire ou de refaire le choix d'amener les aspects plus lourds à s'unifier à ceux qui sont déjà alignés et qui vibrent dans des dimensions supérieures.

Comment vont vos relations ? Comment va votre relation avec vous-même ? Prenez-vous le temps d'entrer en relation avec vous-même, de vous connaître et de vous reconnaître ? Prenez-vous le temps d'accueillir les différents aspects des relations que vous entretenez avec les autres ? Êtes-vous attentif aux émotions que ces relations peuvent faire surgir en vous ?

## Vous êtes un Être complet : le Féminin et le Masculin existent en vous

Lorsque l'être humain a connu la chute du paradis terrestre, il a cru qu'en étant séparé de la Source en lui, il entrait dans l'énergie du manque. Il a nourri la croyance de n'être qu'une moitié et il s'est mis à attendre avec beaucoup d'espoir et de désespoir, parfois, la rencontre avec l'autre moitié : l'âme sœur.

C'est une illusion, bien-aimé. Vous êtes complet en vous-même et cette croyance, fortement ancrée dans votre inconscient, a créé beaucoup de distorsions et d'illusions dans vos relations. Plusieurs humains sont entrés dans des relations avec l'espoir de rencontrer l'être qui les compléterait. Toutefois, le seul être qui peut vous compléter est à l'intérieur de vous ! Il s'agit de reconnaître que les deux polarités, le Masculin et le Féminin, existent à l'intérieur de vous et qu'elles sont aussi importantes l'une que l'autre. Elles sont complémentaires et doivent être harmonisées, équilibrées et honorées.

Il est très important, surtout maintenant, de reconnaître l'énergie du principe féminin en vous. L'ascension de votre planète et de votre Conscience en dépend. C'est le seul moyen de resacraliser cette réalité à l'intérieur de vous, et ce, que vous soyez un homme ou une femme. Il est important de prendre Conscience jusqu'à quel point, pour un grand nombre d'humains, le pouvoir féminin a été méconnu et le pouvoir masculin, distorsionné. Les deux principes ont chacun une façon de manifester leur Force et les deux sont importants.

Nous vous invitons à méditer sur ces deux principes à l'intérieur de vous et à prendre la distance requise afin de voir que vous êtes complet en vous-même. Le seul fait de le réaliser vous amène à délaisser vos anciennes attentes. Vous avez cru très longtemps qu'une personne pouvait combler vos attentes en vous prodiguant un Amour inconditionnel tout en étant dotée des qualités que vous avez à développer à l'intérieur de vous.

Vos relations ont longtemps été établies selon ce qui suit : « Qu'est-ce que l'autre peut m'apporter ? » Étant complet en vous-même, il s'agit plutôt de vous laisser porter par l'élan d'Amour qui vous habite. Ainsi, cet Amour pour vous-même débordera et fera en sorte que vous serez heureux d'aider les êtres qui se présenteront sur votre route. Et, en tant que guerrier de Lumière, cet Amour contribuera à servir Gaïa.

Ce faisant, petit à petit, vous délaisserez les croyances qui portent en elles l'énergie de la séparation, de la comparaison et de la division. Les humains percevront tous ultimement qu'ils sont sœurs et frères d'une même famille, la famille humaine. Cette dernière est prête maintenant à entrer dans sa réalisation en tant qu'Être « suprahumain ».

Vous créez la nouvelle race, celle que l'on appelle aussi la race des « Kumaras », bien-aimé. Cette race christique évolue à partir de la cinquième dimension et expérimente constamment la Conscience, la Présence, l'authenticité, la transparence, la Joie, la multidimensionnalité et, bien sûr, l'Amour inconditionnel ! N'est-ce point merveilleux que vous soyez rendu à cette étape ? Nous vous honorons, car vous avez créé l'ouverture essentielle pour y accéder.

Actuellement, vous vivez encore beaucoup de croyances et d'illusions dans vos relations. Il est important que vous appreniez à reconnaître ce qui crée encore certaines obstructions dans l'état d'Être de l'Amour.

## Accueillez et guérissez l'enfant blessé en vous

Pour la majorité des humains, le corps émotionnel s'est arrêté dans son évolution à six ou sept ans. Pour ainsi dire, la plupart des humains portent en eux les émotions et les attentes d'un enfant de sept ans.

Cette façon d'être influence grandement vos relations. Cette attitude colore les relations de bien des personnes et représente l'état généralisé de l'inconscient collectif de la race humaine. Le sachant, vous serez mieux outillé pour aider vos frères à en prendre Conscience tout en vous aidant à poursuivre votre propre évolution. Sur le plan émotionnel, un adulte qui se comporte comme un enfant de sept ans projette inconsciemment ses attentes dans toutes ses relations avec les autres. Voilà pourquoi il est si important que l'être humain apprenne à accueillir son enfant intérieur blessé plutôt qu'à projeter des attentes qui sont constamment déçues.

Vous êtes le parent. Ainsi, les principes féminin et masculin en vous sont aussi les principes maternel et paternel. C'est pourquoi vous pouvez aider cet enfant à grandir et lui montrer comment éviter d'entrer en réaction lorsque ses besoins ne sont pas comblés afin que vous cessiez de les projeter dans vos relations, que ce soit dans votre vie personnelle ou au travail. Rappelez-vous que toutes les relations sont des terrains de jeu où vous continuez à expérimenter. Reconnaissez vos projections. Soyez-en conscient. Alors, vous grandirez.

Sachez, bien-aimé, que les maîtres, qu'il s'agisse de maîtres ascensionnés, d'intraterrestres ou de maîtres que vous joignez dans le centre mystique appelé « Shambala », tous ces Êtres ont dépassé l'état émotionnel d'inconscience. Pour accéder à la cinquième dimension, vous avez à développer cette maîtrise. Vous devez voir ce qui crée encore des lourdeurs ou des malaises dans vos corps émotionnel, mental et physique.

Sachez aussi que plusieurs humains quitteront le Plan terrestre. C'est un choix que chacun a fait selon son libre arbitre. Cependant, ceux qui choisiront de rester sur terre auront la possibilité de transmuter de nombreuses mémoires et d'accéder aux passages initiatiques qui les amèneront à la réalisation de leur Être.

## Cultivez des relations empreintes d'authenticité et de Joie

Les relations dans les nouvelles énergies seront empreintes d'authenticité, de transparence, de vérité et de Joie. Sachez que les êtres qui vibrent dans la cinquième dimension communiquent d'âme à âme. Les mots deviennent inutiles puisque ces âmes entrent en communion.

Cet état d'âme n'est possible que si vous abandonnez les jeux et les attachements de la personnalité pour vous permettre d'Être, tout simplement ! Seules l'authenticité et la vulnérabilité permettent de vivre l'intimité. Vous devez accepter d'être nu, face à vous-même, comme au jour de votre naissance glorieuse. Vous êtes un être humain possédant une Conscience supérieure ayant accepté de vivre sa Divinité.

Ne croyez point, bien-aimé, que pour accéder aux dimensions de votre Conscience supérieure il vous faille être parfait dans votre humanité. Non point !

Il vous faut, cependant, être authentique, vrai avec vous-même, complet en vous-même. Et cette démarche de « complétion » en vous-même, de l'aspect féminin, de l'aspect masculin, demande cette transparence et cette authenticité, cette capacité de vous accueillir dans votre vulnérabilité. Et la vulnérabilité devient ainsi la Force, la Force de l'Être qui se reconnaît, qui s'aime, qui s'accepte.

## Apprenez à pardonner

Chaque fois que vous vivez une relation intense avec quelqu'un, que ce soit une relation amoureuse ou une relation d'affrontement, vos chakras portent alors en eux une intensité émotionnelle, qu'il s'agisse du plexus, de la gorge, du cœur ou du hara. Ainsi, cette intensité est comparable à un tube énergétique qui vous garde relié à l'autre personne. Il en est de même pour tous les liens non harmonisés, qu'il s'agisse de vos parents, de vos grands-parents et même de toute votre lignée intergénérationnelle. La seule façon de libérer ces liens est le pardon.

Prenez Conscience également que votre fatigue est souvent reliée aux personnes qui, lorsqu'elles pensent à vous, se nourrissent de votre énergie. Il est donc important de vous arrêter, de méditer et de demander à ce que ces liens deviennent clairs. Vous recevrez ainsi de votre « moi » supérieur la révélation de ce qui doit être. N'êtes-vous point à l'étape des révélations, bien-aimé ? Certes !

Complétez, alors, exprimez à l'autre ce qui a besoin d'être exprimé, que ce soit des émotions de peine, des ressentiments ou autres. Offrez-lui le pardon. Alors, seulement alors, vous aurez la possibilité, avec votre Épée, bien-aimé, de couper ces liens.

## Questions

*« Est-ce que ces liens, ces tubes, peuvent être reliés au chakra du cœur ? »*

Non point dans le sens de lourdeur. Il y a beaucoup de tubes reliés au chakra du plexus, car, chez les humains, ce centre est émotionnel et nombre de ces tubes sont aussi reliés au chakra sexuel. Chaque fois que vous expérimentez une forme de dépendance, soit affective, sexuelle ou autre, ces tubes, ces liens sont présents. Ainsi, la dépendance affective se vit sur le plan du plexus et non du cœur. Cela est-il plus clair ?

*« Lorsqu'il y a des aspects positifs dans une relation, est-ce que l'on peut demander à ce qu'ils demeurent ainsi ou le lien se rompt-il complètement ? »*

Certes, nous vous remercions pour cette question. Ne croyez pas qu'en coupant le lien, vous vous détachez de la possibilité d'aimer cet être. Au contraire. Vous vous détachez des aspects lourds et cela permet à l'Amour inconditionnel de fleurir. Vous ressentirez fortement envers cet être une vibration différente, une vibration plus légère qui vous permettra de poursuivre votre chemin dans la liberté d'être tout en permettant à l'autre de poursuivre son chemin. Voilà pourquoi il n'y a point de tube alourdissant sur le plan du chakra du cœur.

Vraiment, bien-aimé, les énergies de la cinquième dimension sont des énergies de liberté. Partant de cela, tous les anciens codes relationnels, que ce soit sur le plan des amoureux, des parents-enfants ou des enfants-parents, tous ces liens qui comportent des obligations n'auront plus leur place !

*« Quand nous voulons couper des liens, faut-il demander à l'âme de l'autre personne si elle le désire aussi, en respectant son libre arbitre ? »*

Certes, il est important que, lorsque vous créez toutes formes de rituels évolutifs, vous vous positionniez, en premier lieu, dans votre Conscience supérieure, dans votre Présence « Je Suis » et donc dans votre âme. Par conséquent, vous appelez l'être ou les êtres dans leur Présence divine pour les informer de ce rituel. Il ne s'agit plus, dans ces dimensions supérieures, de procéder avec les personnalités. Vous l'aurez compris, cher humain. Les personnalités vous entraînent constamment dans un cercle infernal de répétitions.

Toutefois, il est important de vous positionner au quotidien, dès le réveil, et pendant la journée autant de fois qu'il le faudra, de même que le soir, avant le sommeil, de vous repositionner dans la Conscience supérieure, dans votre cœur christique, dans votre « Je Suis Tout Ce Qui Est ». Vous transformez vos actions, même celles reliées à votre travail. Dans la troisième dimension, vous avez créé une sorte de hiérarchie plaçant en premier plan les relations amoureuses, les relations familiales et en second plan les relations de travail, les relations amicales, les relations d'affaires.

Toutes ces relations appellent maintenant la transparence et l'Amour sous diverses manifestations et formes.

*« Certains individus prétendent qu'ils sont des enseignants et disent porter des énergies lumineuses. Ces personnes, à mon sens, peuvent être dans l'erreur, même si elles sont sincères. Alors, comment nous prémunir contre ces gens que nous croyons (ou ressentons) être de faux prophètes ? »*

Tout simplement, bien-aimé, en étant constamment dans votre Présence. Vous ressentirez certainement ce qui est juste et ce qui ne l'est point pour vous. Il s'agit de le ressentir sur le plan vibratoire. Demandez simplement à votre cœur de vous indiquer ce qui est juste, et vous aurez la réponse.

## Rituel d'harmonisation du Féminin et du Masculin en vous

Nous vous invitons en ces temps de grands changements, à ingérer ce merveilleux liquide qu'est l'eau en prenant le temps de la bénir. Ce geste vous permettra d'introduire la fluidité dans vos cellules et d'intégrer de nouvelles énergies.

Respirez profondément. Retournez totalement à l'intérieur de vous, reprenez Conscience de votre hara, entrez dans le Temple de l'Être et prenez place sur le trône d'Or. À nouveau, rappelez tous les aspects de votre Être à l'Unité dans votre « Je Suis ».

### Invitez le symbole archétypal du principe féminin sacré

Demandez maintenant à votre Présence, à votre Conscience supérieure, d'amener dans votre hara le symbole archétypal du principe féminin sacré.

Il est possible qu'il se présente sous la forme d'une image, d'une vision, d'une couleur, d'un symbole, d'une vibration, d'un bien-être. Nous vous invitons à contempler dans la Joie et à accueillir cet archétype divin du principe féminin. Et demandez un message de cet archétype en votre Être.

Remerciez et honorez ce qui s'est présenté.

**Invitez le symbole archétypal du principe masculin sacré**

Toujours sur ce trône d'Or, dans votre Présence « Je Suis », invitez l'archétype divin du principe masculin à se présenter. Puis, contemplez, honorez et demandez s'il y a aussi un message du principe masculin.

Vous pouvez être fort précis dans votre demande. Par exemple, si vous expérimentez une situation particulière, sollicitez un enseignement, une révélation.

**Demandez l'équilibre entre les deux principes**

Demandez aussi s'il y a déséquilibre entre ces deux aspects, ces deux principes à l'intérieur de vous. Demandez à votre Présence christique de vous indiquer clairement comment effectuer l'harmonisation ou l'équilibre.

Maintenant, voyez apparaître le symbole sacré de l'infini ∞ dans un rayon Or et permettez à ce symbole de circuler entre le Féminin et Masculin. Chacun des principes, des polarités est positionné dans l'un des cercles du huit. Voyez une énergie de fluidité, d'infinité. L'Énergie christique circule entre vos deux polarités, ramenant ainsi l'équilibre, l'harmonie, la complémentarité divine.

Ce symbole vous est offert par maître Nada qui suggère en ces temps présents de l'utiliser et de transmettre cet enseignement autour de vous, ce qui favorisera la réémergence, l'harmonisation et la révérence du principe féminin et du principe masculin en vous et dans la Conscience collective. Et ayez l'intention intérieurement qu'il en soit ainsi pour vous et pour chacun des êtres de votre planète. *(Chaque guerrier affirme cette intention et fait cette demande à voix basse en priant pour tous les êtres de la planète.)*

Il en est ainsi, cocréateur divin.

Nous sommes honorés d'avoir pu contribuer quelque peu à la Lumière de votre planète et de votre cœur. Sachez que nous sommes constamment présents.

Bien-aimé, poursuivez le chemin et créez cette nouvelle Terre.

Dans l'Unité, nous sommes.

Namaste !

# Nouveaux outils sacrés

## L'octaèdre[9], un Temple sacré

Om Jai Jai Maa, bien-aimé ![10]

*(« Om Jai Jai Maa, Michaël! »)*

Dans votre cœur, nous percevons une intensité lumineuse, celle de la reconnaissance du Féminin et du Masculin, dans l'Harmonie, la Paix, l'Amour et la Joie. La Joie est une énergie qui n'a rien à voir avec les effets émotionnels de ce que vous vivez sur votre planète. Au contraire, c'est une Joie profonde, une sérénité qui vous permet de vous positionner au-dessus du marasme, des perturbations émotives, mentales et même physiques. Quand vous vivez cette Joie, vous réalisez que vous n'appartenez pas seulement à ce monde terrestre.

Lorsque la Joie vous quitte, c'est le signal que vous devez revenir en vous-même, c'est-à-dire à la maison dans le Temple de votre Conscience, de votre cœur et de votre hara. Dans le processus d'éveil, ces trois soleils sont des symboles de Puissance.

### L'éveil, la réalisation et l'ascension

Vous avez la possibilité, spécialement dans les périodes de sommeil et de méditation, d'aller dans les Temples situés dans les Plans éthériques.

---

9. Outil ascensionnel de la géométrie sacrée.

10. Salutation qui honore le principe féminin.

Ces Temples sont imprégnés de l'énergie des maîtres, des archanges et des Êtres de Lumière. Poursuivez cela !

Nous allons vous guider dans la cocréation d'une structure lumineuse qui deviendra votre Temple personnel. Ce Temple, calibré dans les énergies supérieures, vous permettra de ressentir instantanément l'amplitude vibratoire des fréquences encodées dans ce lieu énergétique.

Il s'agit donc précisément de créer ces codes qui vont vous soutenir et vous permettre de recevoir ce qui suit :

- amplification de votre Conscience ;
- expansion de l'Être ;
- guérison ;
- transmutation ;
- reprogrammation ;
- régénération.

Ce Temple d'amplification contribuera à porter l'Être vers l'éveil, la réalisation et l'ascension. À cette fin, il vous est demandé, avant tout, de laisser aller le doute en votre capacité de créer, car ce Temple se crée dans votre maîtrise. Ainsi, même si nous guidons ce processus, vous en êtes le maître d'œuvre.

## Rituel de cocréation de l'octaèdre en tant que Temple personnel

Ce Temple est constitué d'une forme géométrique, l'octaèdre. Il s'agit de deux pyramides appuyées l'une sur l'autre, l'une supérieure qui vibre dans les fréquences élevées et l'autre inférieure qui vous permet d'ancrer vos énergies rayonnantes et unifiées dans la Terre. Ne croyez point cependant que les énergies de la Terre soient moins divines que celles des Plans célestes. Dans sa Terre, votre divine mère Gaïa accueille, dans sa pure vibration d'Amour inconditionnel, de nombreux Êtres de Lumière et maîtres réalisés.

En ce qui concerne la couleur de votre octaèdre, il est important que vous la laissiez venir d'elle-même à votre Conscience. Plusieurs couleurs peuvent se présenter à vous. Elles s'installeront là où elles doivent s'installer. Le mental n'intervient pas. Pour créer ce Temple avec vous, nous allons utiliser le canal de l'Antahkarana, le divin canal de l'être humain.

Ainsi, respirez profondément et en Conscience. Descendez vos racines dans le cœur de Gaïa et positionnez-les précisément dans le Temple sacré du cœur de Mère Terre afin d'y ancrer la base de votre Antahkarana.

Respirez de nouveau. En retour, laissez monter l'Amour infini de votre Mère dans le Soleil de votre cœur.

Pour cocréer cet octaèdre, utilisez maintenant la respiration pranique et demandez à l'archange Sandalphon de garder vos racines dans le cœur de Gaïa pendant tout le temps de cet exercice. *(La messagère en fait la démonstration et le groupe entame cette respiration saccadée venant du hara, plusieurs fois répétée, tout en accélérant le mouvement durant quelques minutes.)*

Diminuez maintenant votre rythme respiratoire et joignez la Puissance d'Amour de votre cœur en ouvrant plus grand ce Bouclier d'Amour, ce Soleil radieux ! Invitez-y l'énergie du plexus solaire afin que ce Soleil-Cœur soit encore plus vaste et puissant.

Dans ce Temple sacré, en Présence des divins principes féminin et masculin, Shakti et Shiva, ayez, dans votre « Je Suis », l'intention de créer votre Temple octaèdre.

Amenez votre Conscience au chakra de la couronne. Vos glandes-antennes pinéale et pituitaire se positionnent immédiatement à la verticale et montent dans votre Antahkarana. Ainsi, dans une respiration pranique, joignez le Soleil central de votre galaxie. *(Reprise de la respiration pranique progressivement accélérée pendant quelques minutes.)*

Respirez calmement maintenant et voyez qu'une porte s'ouvre. Vous êtes dans les énergies de la neuvième dimension et vous entrez dans la réalité du cocréateur.

Pénétrez doucement dans cet espace et accueillez la vibration du rayon Platine, rayon calibré avec les énergies de l'archange Métatron, présent pour cette cocréation divine.

La neuvième dimension est un Plan intermédiaire afin que vos fréquences vibratoires puissent s'habituer à un taux plus élevé. Cette fréquence est aussi celle du principe féminin et du principe masculin qui permet de donner naissance, de créer !

Utilisez, une autre fois, la respiration pranique pour amener la fluidité du prana dans vos cellules, fluidité nécessaire à la création divine. *(Reprise de la respiration pranique. Pendant la vibration très sonore de cette respiration, Michaël, à haute voix, ajoute : « Voyez que vos glandes-antennes pinéale et pituitaire sont positionnées dans cette neuvième dimension et vibrent totalement dans la fréquence Platine, se gorgeant de la nourriture Lumière du divin rayon. »)*

Diminuez graduellement le rythme de votre respiration et constatez que la Lumière est de plus en plus présente et que s'établit, à la base de votre Temple, la forme du carré. Cette forme sacrée est l'ancrage, la pierre d'assise pour créer et manifester. Honorez cette forme géométrique. Reconnaissez en elle le Sacré !

Demandez que par l'énergie de l'archange Métatron descende sur ce carré les quatre triangles de Lumière qui formeront la pyramide supérieure. Pour ce faire, utilisez le verbe pour appeler la fréquence de Métatron tout en employant le « nous » puisque dans la cinquième dimension se vit l'Unité. Dans cette cocréation, l'individualité s'efface pour entrer dans la résonance du « nous ». Faites l'appel suivant, bien-aimé : « Nous demandons à Métatron de descendre les quatre triangles de Lumière de la pyramide supérieure sur son carré sacré. »

Respirez de façon pranique pour activer la mise en place de la pyramide supérieure. *(Respiration pranique.)*

Demandez maintenant à l'archange Métatron, en lien avec l'archange Sandalphon et la Mère divine, de positionner la base de la pyramide inférieure, avec ses quatre triangles de Lumière sur la base de la pyramide supérieure. Appelez ! « Nous demandons à Métatron, à Sandalphon et à la Mère divine de bien vouloir positionner les quatre triangles de Lumière sur la base de la pyramide supérieure, le carré sacré. »

Respirez pour activer. *(De nouveau, la respiration pranique. Pendant l'exercice, Michaël affirme : « Utilisez votre Feu intérieur, celui du hara, le Feu de la création ! » La respiration se termine.)*

Utilisez maintenant le son « OM » pour ancrer le tout dans votre réalité. *(Le son « OM » se fait en canon, sans relâche. Michaël dit :*

*« Ressentez, bien-aimé, ressentez la Joie de votre âme pour cette création magnifique ! »)*

**Ouvrez la porte à votre potentiel divin illimité : outil de mutation et d'éveil**

Ouvrez maintenant une porte triangulaire et pénétrez dans votre octaèdre. À cet endroit, dans cette énergie, vous êtes au point zéro. De là, vous allez alors inviter des fréquences et des Présences et créer des lieux spécifiques. Nous allons donc poursuivre avec vous cette création.

Respirez profondément. Reconnaissez déjà les Présences des Plans angéliques. Accueillez leur énergie.

Invitez les maîtres ascensionnés, le seigneur Sananda, le maître Bouddha, le seigneur Maitreya ainsi que l'avatar Babaji. Ce dernier maître vous enseignera l'immortalité dans l'éternité de l'Être. Invitez aussi la vibration du maître saint Germain, responsable du rayon Violet qui est fort activé actuellement sur votre terre. Ce Feu vous est offert, comme une grâce, pour accélérer la transmutation des aspects en vous qui sont encore lourds.

Accueillez la vibration du principe féminin, celle de Maître Marie et celle des déesses Quan Yin, Pallas Athena et de Dame Foi. Cette dernière m'accompagne constamment. Accueillez aussi Dame Améthyste qui accompagne la vibration de saint Germain. Ainsi, les deux polarités, féminine et masculine, sont présentes et manifestent la création.

Cela vous est suggéré afin que vous puissiez constamment vous rappeler les énergies unifiées du Féminin et du Masculin en vous. Invoquez, dans votre Temple, Shakti, Shiva, la Trinité du Père, du Fils et de l'Esprit saint, qui est aussi appelé « Shekinah », le divin Féminin.

Respirez profondément et intégrez ces vibrations et ces fréquences élevées ! Ne vous surprenez point si vous ressentez de la chaleur ou des vibrations dans votre corps.

Réalisez qu'en tant que maître créateur, vous ouvrez actuellement la porte sur votre potentiel divin illimité. Respirez profondément.

Voyez monter du cœur sacré de Gaïa une énergie cristalline qui imprègne tout votre Temple. Cette vibration du maître Cristal contribuera à éveiller votre corps et vos cellules de Lumière. Respirez profondément.

Créez une ouverture dans votre Conscience christique et ouvrez encore plus grande cette porte, ouvrez votre troisième œil ainsi que votre couronne et appelez les douze rayons. Ces douze rayons vous sont offerts, bien-aimé, ainsi qu'à votre Mère Terre.

Vous connaissez déjà les sept premiers rayons. Ils vous ont accompagné, d'incarnation en incarnation, et sont encore fort présents, tout particulièrement le premier rayon de la Volonté divine ainsi que le rayon Violet de la transmutation et de la liberté ! Actuellement, cinq rayons supérieurs s'ajoutent à votre réalité. Prenez Conscience du neuvième rayon, celui qui vous permet d'ancrer vos corps de Lumière, et invoquez-le fréquemment.

Respirez profondément.

Au centre du Temple octaèdre, placé sur ce fauteuil Or et Platine, accueillez toutes ces vibrations, ces fréquences et ces rayons. Créez cela !

Voyez s'avancer maintenant un grand maître de Lumière, celui qui a accompagné l'évolution de cette planète depuis le début des temps. Accueillez le seigneur Énoch qui se présente devant vous avec 64 clés de Feu, que vous êtes invité à intégrer. Ces clés d'Énoch sont une grâce pour vous. Ces Puissances créatrices sont encodées par le maître dans l'énergie de votre octaèdre et, le moment venu, elles s'éveilleront dans votre Conscience et vous les manifesterez dans votre réalité.

Respirez profondément. Et voilà qu'apparaît l'arbre de vie avec tous les anges et les séphiroth[11] qui l'accompagnent. Magnifique symbole de l'éveil, voici l'arbre de la transmutation de la matière en Lumière.

Par la grâce du Dieu tout-puissant, les 22 lettres hébraïques sont maintenant présentes. Accueillez ces lettres de Feu[12]. Il s'agit de codes qui, réactivés, vous permettront d'accéder à la Connaissance sacrée. Il ne s'agit point d'une connaissance intellectuelle ou livresque, il s'agit de la connaissance des principes et des lois de vie, lois universelles et cosmiques.

---

11. Les dix Puissances créatrices énumérées par la kabbale dans son approche mystique du mystère de la Création (*Antidote*).

12. Chaque lettre correspond aux différentes qualités divines à intégrer dans les énergies kundaliniques.

Reconnaissez aussi la vibration de la Fleur de Vie, symbole géométrique de la création, l'étoile divine inscrite dans le cœur même de chacune de vos cellules.

Reconnaissez ici des qualités, vertus et attributs divins. Ces qualités sont en vérité des vibrations qui sont amplifiées dans l'octaèdre, votre Temple d'éveil du « potentiel divin illimité ». Commencez leur intégration en Conscience. Elles soutiennent la cocréation d'une nouvelle réalité.

## Rayonnez votre Lumière

Activez maintenant, par la respiration pranique, tout ce qui a été ensemencé dans le Temple de la neuvième dimension. *(De nouveau, la respiration pranique est effectuée par le groupe, en toute Conscience, pour les cadeaux reçus.)*

Relaxez et respirez normalement.

Positionnez deux doigts de chacune de vos mains sur vos yeux, pressez fortement et voyez la Lumière qui se présente. Habitez votre Lumière, bien-aimé. Intégrez et ressentez la Joie et la divine gratitude.

De ce Temple multidimensionnel, rayonnez votre Lumière sur Gaïa, sur tous vos frères et sœurs de la grande famille et sur toute vie !

Ancrez cette création divine avec le « AUM ». Commencez par le « A » puis le « U » et le « M ». « A... U... M... A... U... M... A... U... M... » *(sons répétés plusieurs fois)*

Respirez normalement dans ce silence. Honorez-vous, maître créateur. Ressentez au chakra de l'âme[13] la vibration de l'octaèdre, votre structure lumineuse.

Avant votre sommeil et dans vos méditations, positionnez-vous dans votre octaèdre. La vibration de ce Temple vous amènera à être plus présent, conscient, au jour le jour, dans toutes vos activités quotidiennes.

Shakti vous remercie. Les archanges Métatron et Sandalphon vous honorent. Et moi, Michaël, j'invite tous les humains dans ce grand cœur cosmique. De ce Temple, vous y avez accès. Pénétrez les hauteurs

13. Huitième chakra, juste au-dessus de celui de la couronne.

cosmiques. N'oubliez point qu'après la réalisation planétaire, vous vous orientez vers la réalisation cosmique ! Cela est un premier pas.

Nous sommes honorés et fort heureux d'avoir ainsi cocréé avec vous, maître bien-aimé. En tout temps, vous pourrez poursuivre la cocréation en retournant dans ce Temple pour y ajouter des éléments que votre Conscience supérieure vous suggérera.

Namaste ! Om Jai Jai Maa.

## Création de vortex ascendants

Salutations, bien-aimé,

Permettez-nous d'abord de nous ajuster à la situation présente *(cette canalisation se fait au-dessus d'un ruisseau)*. Nous sommes fort heureux de joindre la vibration de la terre à travers vous et de passer à une autre étape de votre formation, celle de la création de vortex.

Jusqu'à maintenant, vous avez principalement travaillé sur l'énergie dite négative en purifiant des lieux ou en décristallisant des situations. Vous avez principalement travaillé sur les plans astraux et éthériques de la terre. Même si ce genre de travail est encore valable, il est temps de travailler avec les énergies positives en créant des vortex d'Amour et de Lumière.

Le premier élément sur lequel nous voulons attirer votre attention est l'eau, l'élément qui appelle l'épuration et la décristallisation. C'est pourquoi nous avons demandé à notre messagère de vous amener à créer un vortex en collaboration avec les devas, sur le plan de l'eau.

### Spirale ascendante, vortex d'allègement

D'abord, qu'est-ce qu'un vortex ? Lorsque vous travaillez avec la nature, donc avec la matière, vous créez des vortex ascendants. Il s'agit alors d'énergies « spiraliques » qui partent du plus profond de Gaïa, propulsées par les guerriers intraterrestres et terrestres, accompagnés par les devas de l'élément en question. Aujourd'hui, vous travaillerez avec les devas de l'eau: les ondins et les ondines. Néanmoins, pour réaliser ce travail, la Présence des devas qui appartiennent à l'élément terre est essentielle. Ainsi, les gnomes et les lutins seront également présents pour créer ce vortex.

Les vortex ascendants ont avant tout la fonction d'épurer. Il s'agit en réalité d'aider Gaïa à se dégager d'un trop-plein ou d'une grande charge de pollution afin qu'elle puisse retrouver son équilibre. Ainsi, la création de ce genre de vortex permet à la Terre de décompresser.

Si vous créez des vortex aux points stratégiques de la Terre, par exemple les failles et les plaques tectoniques, il y aura un allègement de la pression à l'intérieur de la Terre. Vous créez, en quelque sorte, ce que vous appelez des « bouches d'aération ». Vous le voyez bien ?

Il est important de concevoir votre planète comme une déesse, votre Mère, mais aussi comme une entité organique vivante qui souffre des déséquilibres imposés par l'inconscience des humains. Sachez que Mère Terre absorbe les effets et les conséquences de vos choix. Il est temps comme guerrier de Lumière, conscient et éveillé, d'entendre les appels de Gaïa et de lui apporter tout le soutien requis pour qu'elle puisse se libérer du trop-plein d'énergies négatives qu'elle a absorbées par Amour pour vous.

En plus des vortex d'allègement et d'épuration, il existe d'autres vortex dont la fonction est de « resacraliser » des endroits de votre planète, autrefois habités par des peuples éveillés, dont les autochtones. Ces peuples s'étaient consacrés dans l'Amour et la Conscience à servir Gaïa.

Plusieurs de ces lieux, même ceux que vous appelez « sites sacrés », ont été depuis désacralisés, et ce, parce qu'un nombre considérable d'êtres humains ont pénétré ces lieux, sans respect pour ces terres sacrées. Ces personnes foulaient la terre de ces lieux par curiosité, en tant que touristes et, dans plusieurs cas, avec un esprit mercantile.

Beaucoup de ces sites demandent votre soutien. C'est la raison pour laquelle, entre autres, nous avions demandé à notre messagère de retourner au Mexique, car dans ce pays, il y a plusieurs endroits, autrefois honorés, qui ont besoin d'être resacralisés. D'autres endroits, comme le Guatemala, nécessitent aussi un soutien comparable.

Par ailleurs, il est possible de créer des vortex avec l'aide des intraterrestres. L'activation de ces vortex servira à l'émergence de la vibration cristalline qui soutient les grilles de la Terre, celles autour d'elle ainsi que celles qui sont à l'intérieur. Vous nous suivez toujours ?

## Spirale descendante, vortex de spiritualisation

Vous avez également la possibilité de créer une autre forme de vortex : des spirales descendantes. Elles viennent de différents points dimensionnels, grâce à l'intervention d'Êtres de Lumière qui ont comme fonction de propulser une énergie porteuse des rayons divins. Il en est ainsi pour l'ultraviolet. Ces rayons créent des ouvertures sur la Terre. Ainsi, ils imprègnent la matière d'un haut niveau de prana divin et recalibrent ces lieux d'une énergie nouvelle.

Ces spirales, ascendantes et descendantes, doivent être créées séparément. En ce moment, dans bien des cas, vous serez appelé à créer des spirales ascendantes pour aider votre Terre. Elles peuvent être créées dans de multiples endroits privés ou publics, à partir de l'élément eau, comme nous vous l'avons déjà transmis. La création de ces spirales permet d'épurer ces lieux et d'y installer une énergie de Conscience.

Les humains, de façon générale, ont oublié l'importance du contact avec la nature et, par le fait même, avec leur propre nature. Nos frères ont perdu le sens de la gratitude et de la reconnaissance des éléments sacrés. En tant que guerrier de Lumière, vous avez la responsabilité d'assister Gaïa dans son processus d'épuration et de recalibration.

En ce qui concerne l'eau, plusieurs de vos compagnons de la race animale marine ont déjà quitté ce Plan. Beaucoup d'autres suivront, soit parce qu'ils ont accompli leur mandat, soit parce qu'ils ne peuvent plus continuer à vivre dans un endroit aussi désacralisé et dénaturé.

Il est important que vous preniez Conscience de ces phénomènes, bien-aimé. Soyez prêt à effectuer des rituels de pardon, indiquant ainsi à ces Êtres que vous êtes conscient des conséquences de l'inconscience humaine. Par un rituel de pardon, vous équilibrez un karma. Vous savez qu'il existe aussi des karmas en lien avec les règnes animal, végétal et minéral. En démontrant ce niveau d'ouverture, vous permettez aux Êtres, qu'ils soient du règne animal, végétal ou minéral, de quitter la terre avec un sentiment de gratitude, leur Divinité ayant été reconnue.

Sachez que vos cours d'eau sont non seulement pollués, mais visités par un groupe d'êtres appartenant aux énergies de l'ombre. Leur objectif est d'introduire dans certains de vos cours d'eau des poisons qui accéléreront la propagation des maladies et la dévitalisation chez les humains. Voilà pourquoi nous vous demandons, cher guerrier de Lumière, d'intervenir maintenant !

En ce jour béni, en lien avec les devas ainsi qu'avec vos frères et sœurs de l'intraterre, nous vous demandons de créer un vortex ascendant. Cette création permettra de dépolluer énergétiquement, « éthériquement » et astralement le cours d'eau avec lequel vous êtes en contact.

De plus, si vous demandez, avec une intention pure et claire, que les devas de l'eau portent l'énergie de ce rituel dans d'autres cours d'eau, ils acquiesceront à votre demande, ce qui aura un effet exponentiel. Toutefois, ne croyez pas que votre demande soit suffisante pour permettre à l'élément eau de votre planète d'être totalement purifié et recalibré dans tous ses aspects.

Quoi qu'il en soit, nous vous invitons à agir avec Conscience et Amour chaque fois que vous rencontrez des cours d'eau, qu'il s'agisse de ruisseaux, de lacs, de rivières, de fleuves, d'océans, de chutes ou de tout autre plan d'eau. Portez dans votre cœur ce rituel qui, en réalité, ne prend qu'un peu de votre temps.

## Rituel du vortex ascendant

Devant le cours d'eau, appelez l'Esprit, le grand Être de Lumière qui est responsable de tous les devas du cours d'eau présent. Prenez le temps de rejoindre tous les devas qui y sont associés.

Appelez les ondins et les ondines. Ressentez leur vibration. Il s'agit d'une vibration fort subtile et légère. Nous vous demandons de les accueillir et d'ouvrir totalement votre cœur, ce Bouclier d'Amour, afin de ressentir encore plus profondément leurs Présences, dans l'Unité.

Accueillez aussi la Présence des guerriers de Lumière de tous les Plans. Ces Êtres sont déjà placés à vos côtés et sont heureux de collaborer avec vous.

Accueillez maintenant vos frères et sœurs, guerriers de Lumière de l'intraterre. Accueillez-les dans votre cœur et unifiez-vous à toutes ces Présences. Créez la résonance du « aum » : « Aum… Aum… Aum… »

Reconnaissez et appelez maintenant les devas de la terre, les gnomes. Appelez-les à voix haute ! *(Le groupe appelle, à voix moyenne, les devas et les gnomes à se joindre à lui dans l'Unité des cœurs.)*

Accueillez-les, ils sont fort joyeux !

Reconnaissez aussi les Présences du règne animal par ses devas qui, tout particulièrement, vous accompagnent par le chant des oiseaux. *(Le groupe appelle les devas : « Nous appelons les devas de tous les animaux, de tous les règnes et de toutes les races futures à se joindre à nous, dans l'Unité. »)*

Honorez et remerciez ceux que vous appelez les insectes. Dites ceci : « Nous honorons et nous remercions la Présence des insectes. » Certes, ces Êtres sont aussi divins *(ce qui fait rire un peu)*. Nous vous remercions.

Appelez maintenant et reconnaissez la Présence des devas des végétaux. Dites ceci : « Nous appelons avec reconnaissance les devas des végétaux et de toutes les plantes. Et qu'ils bénissent ces lieux. »

Appelez aussi les devas du règne minéral qui sont présents dans cette montagne de Saint-Sauveur[14]. Dites ceci : « Nous reconnaissons dans l'Unité de nos cœurs les devas du règne minéral. »

Demandez maintenant la permission à la Source ainsi qu'à ce grand Esprit de l'eau, qui englobe tous les devas de ce cours d'eau, de créer dans l'Amour et la Lumière ce vortex ascendant : « Nous demandons à la Source la permission de créer ce vortex. Nous demandons aussi la bénédiction et la permission au grand Esprit de l'eau d'effectuer ce rituel. »

Rappelez-vous que lorsque vous invoquez la Source, vous l'invoquez aussi à l'intérieur de vous. Ce faisant, vous vous reconnaissez en tant que maître cocréateur !

Bien-aimé, portez maintenant votre Conscience à l'intérieur de la Terre et joignez-vous aux intraterrestres ainsi qu'aux devas pour demander à

14. Cette canalisation se déroule dans les Laurentides, au Québec.

Gaïa d'« impulser » de son cœur un vortex de Feu qui monte maintenant d'un point qui constitue le pivot central du vortex.

Voyez que cette boule de Feu se déroule en spirale dans le sens des aiguilles d'une montre. Vous pouvez certainement accompagner ce mouvement de votre Épée créatrice de Lumière.

Prenez Conscience que vous vous unifiez à Gaïa dans un esprit d'Amour universel. Inspirez profondément et créez, bien-aimé. Utilisez la vibration du « hou » pour accompagner cette spirale ascendante: « Hou… Hou... Hou… »

Voyez que la spirale émet les rayons Blanc et Argent et poursuivez.

Les devas et vos frères et sœurs intraterrestres ont porté avec vous l'énergie de ce vortex jusqu'à la surface de l'eau. Nous vous demandons maintenant d'émettre à voix haute l'intention que vous choisissez de créer dans ce vortex. *(Chacun des guerriers nomme ses intentions. Voici un exemple : « Purification, régénération, pardon de nos inconsciences, évacuation des pressions négatives créées par l'inconscience des êtres humains pour lesquelles nous demandons pardon, pour lesquelles nous resacralisons l'eau. »)*

Nous vous suggérons maintenant de faire appel aux devas de l'eau afin qu'ils projettent vos intentions non seulement dans ce cours d'eau, mais aussi dans les autres cours d'eau de votre planète. *(Appel fait par les guerriers présents. Une personne dit ce qui suit et les autres le répètent au fur et à mesure : « Par notre Présence "Je Suis", nous demandons aux devas de l'eau de diffuser cette énergie du vortex ascendant dans tous les autres cours d'eau de la planète afin que ceux-ci bénéficient de cette purification et de toutes les autres qualités et intentions que nous portons. Que cela soit fait dans la collaboration et dans l'Amour de la Source des Sources. Amen. »)*

Reprenez Conscience de votre respiration.

Restez en contact avec ce vortex. Il continue son ascension dans les hauts Plans de Lumière et constitue un canal ouvert du plus profond de la planète à votre Soleil.

Permettez à votre cœur de célébrer, car, par votre Amour, votre intention claire et consciente, vous avez créé ce pont en association avec les nombreux Plans de Lumière qui vous ont accompagné. Nous vous suggérons de célébrer cette magnifique création en chantant le mantra suivant: « Om nama Shivaya. » *(Le groupe chante joyeusement et dit à trois reprises : « Om nama Shivaya. »)*

Célébrez avec vos frères et sœurs !

Rappelez-vous qu'un vortex ascendant n'est point permanent. Ainsi, nous vous suggérons de nourrir les vortex, à distance, de pensées d'Amour, et de les activer par votre intention. Si vous avez la possibilité de revenir sur les lieux, honorez de nouveau ces cours d'eau par votre Présence.

Nous vous invitons à créer plusieurs vortex ascendants. Votre terre expérimentera alors une forte Puissance d'allègement et vous contribuerez ainsi à son équilibre.

## Questions des guerriers présents lors de la canalisation

*« Est-il possible, Michaël, de créer un vortex à distance ou nous faut-il être sur les lieux ? »*

Vous ne pouvez point créer de vortex à distance. Vous avez à être sur les lieux. Cependant, comme nous vous l'avons déjà dit, lorsque le vortex est créé, vous pouvez vous y référer, l'alimenter, le nourrir et le perpétuer.

*« Pouvons-nous nourrir les vortex de la Force d'un rayon ? »*

Il est opportun de nourrir le vortex de vos intentions. Elles peuvent varier tout comme les rayons utilisés. Quand vous créez un vortex en provenance de la terre, nous suggérons le rayon Blanc et Argent et tous les autres rayons que vous voudrez bien associer à cette création. Le rayon Vert, par exemple, a une grande Puissance de guérison, le rayon Violet a une Puissance de transmutation et mon rayon Bleu, transmute, recalibre et revitalise.

## Créez des vortex partout où vous allez

Ainsi, puisque vous êtes mon guerrier du Plan terrestre, je vous suggère d'utiliser mon rayon Bleu lorsque vous créez. Il a été décrété par la haute hiérarchie de Lumière que ma Présence se doit d'être palpable partout sur votre planète. Vous êtes mon intermédiaire. Ainsi en est-il.

Nous vous suggérons de créer ces vortex partout où vous allez. Bientôt, nous vous donnerons d'autres informations concernant la création de vortex en spirales descendantes. Nous vous honorons, bien-aimé guerrier de Lumière, pour le travail que vous accomplissez dans l'Amour.

Dans ce cours d'eau libéré, vos yeux ne peuvent percevoir à quel point vos frères et sœurs, aussi petits soient-ils, vous remercient de votre aide et de votre Amour.

Nous vous suggérons de faire descendre, sur ce cours d'eau, une pyramide Or afin que l'Énergie christique puisse communier avec les éléments eau et terre.

En visualisant cette pyramide Or, vous créez un sanctuaire, un Temple. Créez ces Temples là où vous circulez sur la terre, et ce, particulièrement après avoir créé un rituel d'épuration. Cette pyramide maintient la recalibration des énergies dans la vibration christique. Vous sacralisez ces lieux.

Nous « impulsons » sur ce Temple, et sur vous, la bénédiction du rayon Bleu imprégné d'Or. Remerciez tous les collaborateurs et honorez-vous ainsi que toute vie.

Qu'il en soit ainsi. Et il en est ainsi.

Namaste, bien-aimé. *(« Namaste, seigneur Michaël. »)*

## Utilisation de l'octaèdre, des vortex et de la respiration pranique en tant qu'outils d'ascension

Namaste ! Om Jai Jai Maa.

Nous sommes heureux de vous retrouver et d'entrer en contact avec votre énergie lumineuse et l'engagement de votre âme à la Lumière et à l'Amour, Amour de vous-même et de la vie.

L'Amour est dans cet instant où nos cœurs sont unis dans l'éternel moment présent.

Nous sommes nombreux à participer à ces rencontres bénies, consacrées à l'éveil de Gaïa et à celui de votre âme ! Nous sommes heureux de voir la beauté de votre Être et de constater que, d'une rencontre à l'autre, grâce à votre faculté de créer, la Lumière qui vous habite s'intensifie, cher guerrier de Lumière. Vous êtes un maître créateur.

## Le choix de l'Amour et de la Lumière

Chaque fois que vous choisissez d'exprimer vos divines qualités dans votre quotidien, vous vous positionnez au-delà de la personnalité, du mental inférieur et de l'ego porteur de souffrances et de limitations. Par contre, comme vous connaissez bien ces anciennes énergies, elles vous apparaissent encore comme une forme de sécurité et de confort.

Il est important de reconnaître cette illusion pour choisir de renaître à chaque instant, c'est-à-dire choisir la vie, l'Amour conscient, la vie en vous-même et sur Gaïa ! Choisissez cette terre magnifique qui vous nourrit de son Amour inconditionnel et qui vous invite à engendrer et à répandre, à votre tour, cet éternel Amour ! Ainsi, elle vous ouvre une porte pour pénétrer le quantum du moment présent.

De là où nous sommes, nous percevons votre Lumière et votre Antahkarana, ce pont qui vous relie à la fois à Gaïa, votre Mère, et à Shiva, votre Père divin. Nous constatons à quel point, actuellement, cet Antahkarana prend de l'expansion par votre choix conscient d'aimer et d'éveiller la Lumière et de la reconnaître en vous.

Vous êtes à l'étape de reconnaître, d'intégrer et d'utiliser de nouveaux outils sacrés, calibrés dans des fréquences que vous êtes actuellement prêt à éveiller en vous. Nous parlons ici de la Lumière. Nous vous avons invité à réaliser, par des affirmations et des décrets, votre choix de vivre la Lumière au-delà de la personnalité, même si parfois vous avez à descendre dans l'ombre pour transmuter, servir Gaïa et votre âme. Ce faisant, vous choisissez de reconnaître ce qui constitue encore des attachements liés à la troisième dimension. Il ne s'agit pas de nier les manifestations de cette dimension. Vous êtes incarné sur la terre. D'autre part, vous êtes un pont de Lumière, un pilier et un être engagé à servir votre âme et tout ce qui vit sur terre. Vous êtes en plein processus d'éveil, et dans ce processus, vous reconnaissez, portez, intégrez de plus en plus la Lumière en vous.

Vous activez ainsi vos corps de Lumière et par conséquent votre structure lumineuse, votre Merkabah.

**Pourquoi ces termes guerriers, me direz-vous ?**

L'Armure, l'Épée et le Bouclier sont des termes guerriers terrestres. Cependant, comme nous vous l'avons déjà dit, en portant ces termes et ces outils avec fierté, engagement, Amour et Lumière, vous transmutez les lourdes charges associées à ces mots. Ces outils et ces termes seront bientôt désuets puisqu'ils auront été libérés des charges karmiques collectives porteuses de toutes les expériences qui y sont associées.

Vous nous suivez en cela ? *(« Oui, certainement ! »)* Voyez-vous la beauté de ce que vous accomplissez ? Voyez-vous la beauté de ce mandat ?

**Comprenez, bien-aimé, que parfois vous avez à descendre consciemment dans l'énergie de l'ombre pour la transmuter avec Amour.**

Certains humains se sont sentis interpellés, apeurés parfois par ces termes guerriers. Toutefois, vous avez accepté de porter votre mandat par Amour. Et cela est la véritable transmutation.

Nous reviendrons plus longuement sur cela. Nous avons tant à vous transmettre !

## L'octaèdre, un outil sacré d'évolution

Revenons à l'importance de l'octaèdre, cet outil ascensionnel qui fait partie de la foule de nouveaux moyens mis à votre disposition. L'octaèdre est un outil d'ascension parce qu'il a été créé dans une dimension supérieure, celle de votre « soi » christique. Cet octaèdre représente un Temple qui inclut tout ce qui a été cocréé. Il devient ainsi une Source infinie d'informations pour votre évolution. Des codes, des symboles, des clés, des énergies, des fréquences habitent ce Temple. Cependant, cette forme lumineuse n'est pas votre Merkabah personnelle. Nous le spécifions, car nous savons que certains humains l'ont déjà cru.

L'octaèdre est un outil géométrique sacré. Il vous permet d'entrer rapidement dans un lieu où sont présentes des énergies multidimensionnelles qui ont été portées sur la terre par un grand frère de Lumière, Mahatma, maître synthèse de tous les Plans. Quand vous l'invoquez, dans l'octaèdre, il soutient votre accès à tous ces Plans.

Depuis que l'octaèdre a été créé en encodant certaines fréquences, vous avez continuellement accès à ces informations. Vous avez également la possibilité d'y ajouter d'autres informations, codes ou symboles. Nous vous suggérons d'y intégrer les codes associés aux planètes Arcturus et Sirius, là où sont positionnés vos frères de Lumière, appelés les « médecins du ciel » ou les « techniciens de Lumière ». Cet outil est maintenant le vôtre. Alors, lorsque vous méditez, positionnez-vous à l'intérieur de l'octaèdre. De même, avant de vous endormir, demandez que de cet octaèdre vous puissiez aussi visiter certaines cités de Lumière.

Sachez que tous les archanges ont leur cité de Lumière et que tous les maîtres ascensionnés ont leur propre ashram ou cité de Lumière dans les Plans divins. Vous avez constamment le choix d'y aller et d'y séjourner. Ainsi, si vous pénétrez ces cités de Lumière dans l'octaèdre, vous accueillerez leurs fréquences dans un espace d'amplification.

Comme vous le voyez, de multiples possibilités s'offrent à vous. Il s'agit simplement de vous référer à vos outils sacrés et de laisser aller le doute et l'inertie qui sont, depuis l'époque de l'Atlantide, d'anciens codes d'impuissance que vous avez nourris pendant des siècles et des siècles. CELA EST TERMINÉ !

Comprenez bien que chaque instant de votre vie est précieux, que chaque instant de votre vie est totalement « une grâce » ! Contemplez donc, instant après instant, ce potentiel divin illimité en vous !

Le matin, à votre réveil, positionnez-vous dans cet octaèdre sacré et demandez qu'il soit présent tout au long de votre journée. Vous serez protégé par ces fréquences élevées qui baignent vos corps de Lumière, ce qui vous permettra d'accomplir vos activités quotidiennes en gardant un haut taux vibratoire.

Cet outil est avant tout pour vous permettre de stabiliser votre taux vibratoire dans des dimensions élevées.

Vous êtes à l'étape d'intégrer et de stabiliser davantage votre « quotient » de Lumière. Vous travaillez avec des outils qui activent non seulement vos corps de Lumière, mais la matrice même de vos cellules et de vos corps physique, émotionnel et mental. Le processus ascensionnel vous amènera à illuminer de votre Amour la totalité de vos corps, y compris votre corps physique.

Vous entrez maintenant dans l'étape de la cocréation de façon totalement consciente. Vous avez à reconnaître votre pouvoir.

## Respiration pranique, votre pouvoir de Feu

Comme nous vous l'avons déjà transmis, la respiration pranique est d'une importance capitale. C'est ce qui vous permet d'amplifier l'énergie dans votre hara. Ce Feu est déjà présent dans votre hara. Toutefois, vous devez l'activer afin qu'il puisse pénétrer chacun de vos chakras, illuminer chacun d'eux et illuminer ultimement votre Conscience.

Le hara, chez plusieurs humains, est encore faible puisqu'ils ont peur d'utiliser leur pouvoir, tout comme ils ont craint le terme *guerrier*. Il est temps d'éclairer le sens du mot *pouvoir* et de cesser de l'associer aux distorsions que sont l'abus du pouvoir, la manipulation, la domination et la trahison. Ces sortes de pouvoir sont des aspects non intégrés de la Lumière et de l'Amour. En vérité, le pouvoir, celui de votre Être, est la reconnaissance du Divin en vous. Cette reconnaissance doit se vivre dans votre assise.

Quelle est votre assise ? L'assise de votre incarnation est votre hara, le centre sacré, là où se manifeste la création, vos créations ! Ce Feu s'active, entre autres, par la respiration pranique. Ce faisant, vous ressentirez plus de Puissance et, en équilibrant le Féminin et le Masculin dans votre hara, vous harmonisez votre centre de création. La Shakti est l'énergie féminine qui permet de recevoir l'inspiration divine afin que le principe masculin, Shiva, puisse la manifester dans votre matière et sur la terre.

Lorsque vous expérimentez une période où vous vous sentez fatigué, dévitalisé ou simplement déconnecté de votre Divinité, utilisez la respiration pranique. Vous constaterez à quel point elle vous amènera rapidement à retrouver en vous l'Énergie divine. La respiration pranique se fait par le bas-ventre, dans votre hara, et crée ainsi un mouvement que vous appelez le « soufflet » qui active le Feu.

## Exercice de respiration pranique

*(Le groupe active une respiration saccadée du diaphragme, à répétition, comme le va-et-vient d'un piston, avec repos et reprises selon chacun des guerriers.)* Accélérez et permettez à l'énergie de monter dans votre cœur, de là, dans votre divine Vision, le troisième œil.

Ralentissez la respiration. Ramenez votre attention au troisième œil. Que percevez-vous ? Quelle est la représentation de cette activation pour vous ? *(« Un mouvement », dit une personne du groupe. « Un vent de fraîcheur », dit une autre. « De la chaleur », dit encore une troisième.)*

Certainement, c'est l'activation de la Lumière, l'activation de la vitalité en vous et, en cela, l'expansion de votre Être. Êtes-vous en contact avec ce mouvement Lumière ? Répétez, répétez l'expérience de la respiration aussi souvent que vous le pouvez dans votre journée et en début de méditation.

Appelez maintenant votre octaèdre. Il est présent puisque vous avez activé votre capacité de manifester. Il n'est pas nécessaire de voir sa forme. Entrez dans son énergie.

Ressentez cette forme sacrée qui porte en elle un potentiel illimité.

Pour l'instant, nous vous invitons à puiser à même le potentiel des lettres de Feu. Laissez-les circuler de la couronne à tous vos chakras pour ensuite s'enraciner dans la terre. Il est important que vous gardiez la Conscience de vos racines. Vous êtes le pont permettant à la Lumière de circuler et de se manifester.

Respirez profondément par une respiration circulaire.

En réalité, la respiration pranique est régulière. Vous la manifestez en utilisant différents rythmes. Utilisez maintenant un rythme plus lent, mais constant. Et permettez ainsi aux lettres de Feu d'éveiller les cellules de vos corps, y compris votre corps physique, les imprégnant ainsi de Lumière et de codes sacrés.

L'énergie de notre frère bien-aimé Métatron est maintenant ici présente. Ce maître est le créateur des mondes de Lumière. Chaque fois que vous utilisez l'octaèdre et la respiration pranique, il se présente et vous offre son assistance dans vos créations. Allez chercher à l'intérieur du Temple les qualités divines que vous choisissez d'éveiller en vous et respirez ces qualités, nourrissant ainsi chacune des cellules de cette empreinte divine.

Et quelle est la qualité de ce jour béni ? Il s'agit de la divine Compassion[15]. Certes, imprégnez-vous d'elle. Inspirez-vous d'elle, intégrez-la et

15. Une qualité déjà donnée dans une rencontre antérieure.

éveillez-la. Permettez à votre mental supérieur, votre Conscience christique, d'infuser sa compréhension et sa Lumière afin que vous puissiez éveiller en vous le sens profond de cette qualité. Vous expérimentez ainsi une façon d'utiliser cet outil sacré qu'est l'octaèdre. Vous avez aussi accès à chacune des fréquences des maîtres qui ont accepté avec Joie d'y poser leur énergie et leur fréquence vibratoire.

Par exemple, le maître saint Germain se présente dans votre octaèdre avec le rayon Violet. Lorsque vous l'appelez, ce rayon devient plus palpable et plus actif. En réalité, vous entrez en résonance avec la fréquence ultraviolette qui s'amplifie dans votre Temple. Sachez que cet outil est à votre service en tout temps. Il s'agit d'en prendre Conscience, de l'appeler, de le réactiver par votre Conscience.

Vous pourrez également expérimenter cet outil sacré pour chacun des codes, que ce soit les lettres de Feu, les énergies de maîtres, les clés d'Énoch, les énergies d'Arcturus, vos frères de Lumière galactique, de Sirius, et ainsi de suite. Vous constaterez que vous pouvez entrer avec plus d'aisance dans ces énergies multidimensionnelles. Ces énergies sont des fréquences et des portes ouvertes sur l'infini. Vous pouvez explorer ce qui vous convient en utilisant ces portes ou ces clés.

Remerciez-vous, car vous avez cocréé tout ce potentiel divin ! Et constatez que vos créations sont maintenant beaucoup plus lumineuses qu'auparavant.

Nous allons à présent vous parler des vortex.

## Vortex descendants

Nous vous avons déjà transmis le rituel des vortex ascendants. Vous êtes maintenant prêt à recevoir l'enseignement des vortex descendants. Pourquoi, bien-aimé ? Parce que vous êtes cocréateur et que nous enseignons des outils qui peuvent accélérer l'éveil de votre planète. Ainsi, avec les vortex ascendants, vous avez permis un mouvement de libération de l'élément eau et, depuis peu, la libération de l'élément terre.

Qu'avez-vous donc ressenti lorsque vous avez créé ces vortex ?

## Témoignage d'un guerrier

*« J'ai vu, à la suite de ma création d'un vortex ascendant, une volée de canards passer au-dessus de mon domaine, et quand ils ont passé au-dessus de ma tête, je leur ai souhaité bon voyage et leur ai demandé de rendre gloire à Dieu pour ce que nous sommes. Aussitôt, la volée a bifurqué vers la droite et est revenue passer à environ un kilomètre au-dessus de ma tête pour ensuite retourner vers la gauche et reprendre le voyage vers le sud. »*

Vous constaterez que, souvent, les habitants de votre planète, qu'il s'agisse d'oiseaux ou de poissons, viennent ainsi vous remercier et confirmer le bien-fondé de votre travail. N'est-ce point là une magnifique réponse de la collaboration entre les règnes ? Certes !

Rappelez-vous aussi que parfois les anges et certains maîtres empruntent, de façon temporaire, le corps de certains êtres vivants, qu'il s'agisse d'humains ou d'animaux, pour communiquer avec vous. Sachez reconnaître le Divin en tout !

## Les bienfaits des vortex ascendants pour la Terre

Nous vous avons déjà transmis que ces vortex ascendants permettent à Gaïa de délester beaucoup de pression et de pollution en allégeant l'élément eau et en maintenant l'élément terre. Cela est la principale fonction des vortex ascendants. Nous vous demandons de poursuivre ce travail en collaboration avec les éléments.

Les vortex ascendants, comme vous le savez, doivent être créés avec la collaboration des « élémentaux », des devas et du grand Esprit de l'endroit que vous joignez. Cela s'accomplit dans la collaboration entre les Plans. Voilà pourquoi il est si important de constamment inclure, dans votre Bouclier d'Amour, tous les éléments de votre planète, y compris son intérieur et sa surface et, bien sûr, nos Présences.

Nous vous avons aussi transmis qu'une fois les vortex créés, il s'agit de les activer tout simplement par une pensée amoureuse, claire et lumineuse. C'est ainsi que vous créez des alliances ! Mes guerriers sont des Êtres d'alliances entre les peuples, entre les éléments et entre tous les niveaux de Conscience. Pour créer ces alliances, il s'agit tout simplement d'envoyer une pensée d'Amour aux lieux qui ont été activés.

Nous vous demandons, maintenant, d'envoyer une pensée d'Amour à tous les cours d'eau qui ont été activés, peu importe quels sont ces cours d'eau ou par qui ils ont été activés. Amenez votre Conscience sur le plan du troisième œil et du cœur et émettez une vibration d'Amour et de gratitude pour tous ces vortex.

Le son « ou » permet l'activation et l'unification de tous ces lieux. Dites ceci : « Ou… Ou… Ou… » Activation, activation ! *(pour augmenter le taux vibratoire d'Amour et de gratitude)*

Nous vous remercions.

Gardez en mémoire que ce son est une vibration d'activation que vous pouvez utiliser en d'autres circonstances. Il représente une fréquence multidimensionnelle d'Unité.

Nous poursuivons l'enseignement, cette fois quant aux vortex descendants.

## Vortex descendants et fonctions

Les vortex descendants sont « impulsés » à partir de Sources lumineuses. Il existe dans votre Univers différents portails ou centres de Lumière appelés aussi des « plexus ». Lorsque vous créez ces vortex descendants, vous allez puiser dans des énergies hautement lumineuses et hautement fréquentielles afin de les amener en spirale sur la terre. Tous les vortex sont créés par des mouvements en spirale, qu'ils soient ascendants ou descendants.

Ce mouvement de descente est un tourbillon comparable aux mouvements de la nature qui amènent des « tornades », comme vous dites. Nous sommes certains que vous avez constaté la Puissance de ces mouvements. Eh bien, vous possédez cette Puissance, tout spécialement lorsque vous créez ces vortex en groupe.

Les vortex descendants ont comme fonction d'ancrer la Lumière dans certains lieux de la terre dégagés des expériences de l'humanité souffrante. En créant ces vortex, vous permettez à Gaïa de recevoir des enseignements et des fréquences qu'elle pourra, à son tour, transmettre aux cellules environnantes de son univers. Ces vortex peuvent être créés à partir des Plans archangéliques, ou de Shamballa, retraite éthérique des maîtres ascensionnés, et aussi d'autres Plans galactiques ou cosmiques.

Nous vous suggérons également de demander aux Êtres de la planète Arcturus d'être la Source de certains de ces vortex afin d'imprégner une fréquence qui porte les codes spécifiques de la Lumière d'Arcturus.

Ainsi, le vortex descendant permet de revitaliser le Sacré de votre terre.

De tout temps, sur votre terre, il y a eu des Êtres évolués qui ont créé des structures d'Amour et de Lumière dans des lieux afin de permettre à ces endroits de rayonner et d'influencer en quelque sorte leur environnement. C'est ce qui se passe dans les lieux sacrés que vous connaissez, par exemple les pyramides d'Égypte et les temples sacrés créés par les Mayas au Mexique et par les Incas au Pérou ou en Bolivie.

Certains peuples de la terre, peut-être moins connus, comme les Dogons en Afrique, créent constamment des spirales énergétiques fort puissantes. Il en est de même des peuples qui habitent le désert. Voilà pourquoi certains humains ont choisi dans leur parcours terrestre d'aller dans ces lieux pour méditer, prier et jeûner et y recevoir des codes et des informations afin de pouvoir ensuite les transmettre. Comme vous le voyez, ces vortex sont très importants.

Vous êtes maintenant invité à cocréer ces vortex pour permettre à Gaïa de délester ses énergies lourdes par les vortex ascendants et de recevoir de nouveaux rayons dont la Terre a besoin, par les vortex descendants.

## Questions des guerriers présents lors de la canalisation

*« Ces vortex descendants se font-ils seulement dans des lieux où il y a un portail ou pouvons-nous les faire n'importe où ? »*

Non point dans des lieux où il y a portail, puisqu'ils sont déjà porteurs de vortex. Vous comprenez cela ? Vous pouvez par contre réactiver au besoin ces portails. Vous êtes appelé à créer de nouveaux vortex. Vous êtes appelé à imprégner Gaïa de cette magnifique aide en créant des vortex descendants sur des lieux que vous ressentez appelant ces énergies. Il n'est point indiqué de créer, en priorité, des vortex descendants sur des lieux qui ont besoin d'épuration. Utilisez d'abord des vortex ascendants et, après, vous retournerez créer des vortex descendants.

Cependant, créez sur des lieux naturels, des parcs, des montagnes, des endroits que vous ressentez comme étant paisibles et porteurs d'une énergie de beauté. Vous constatez cela dans votre nature. Votre nature vous parle constamment.

Les lieux qui sont imprégnés d'énergies lourdes comportent souvent des arbres qui sont malades ou qui présentent des anomalies. Ainsi, ces lieux vous appellent pour créer ces vortex ascendants. Toutefois, les lieux qui déjà respirent une certaine harmonie sont prêts à recevoir ces vortex descendants.

*« Je connais un endroit où il y a un portail. Faut-il nous rendre au milieu du portail ou pouvons-nous le faire à distance ? »*

Pour créer les vortex, vous avez à être présent sur le lieu. Ils ne peuvent se créer à distance, rappelez-vous. Ils peuvent, par contre, être réactivés à distance par votre intention pure et claire et par le son vibratoire.

Actuellement, Gaïa appelle ces vortex descendants afin de lui permettre d'absorber de nouveaux codes dans ses cellules et dans sa Terre.

## Vous êtes un vortex

Nous allons compléter cet enseignement en vous transmettant que vous êtes aussi un vortex, à certains moments. Vous êtes un vortex lorsque vos corps de Lumière sont activés, c'est-à-dire lorsque votre Merkabah personnelle ou votre structure lumineuse s'active dans la Lumière. Votre Merkabah vibre à une vitesse accélérée et vous devenez vortex !

Et quelle est la fonction de ce vortex ? *(Le groupe répond : « Ancrer la Lumière. »)* Certes, ancrer la Lumière sur la terre !

Vous comprenez alors l'importance de vos racines ? Vous comprenez aussi l'importance de votre Antahkarana ? Oui, parce qu'ainsi vous êtes enraciné dans la terre et enraciné dans le ciel, voire dans le cosmos et dans les Plans de Lumière. Et constatez que, de jour en jour, votre Antahkarana prend de l'expansion.

Nous vous invitons à lever les bras en « V » au-dessus de la tête. Percevez cette colonne de Lumière au-dessus de votre tête : votre Antahkarana offert à votre Monade, à votre Présence « Je Suis ».

L'Antahkarana a comme fonction de relier l'être humain que vous êtes à l'Être divin, par le « soi » christique au-dessus de votre tête, qui, lui-même, est le Fils du Père, votre Monade.

## Rituel du vortex descendant

Respirez de façon pranique. *(Le groupe exerce une respiration en continu durant tout l'exercice qui suit.)*

Activez la Lumière et voyez qu'elle se présente à la couronne.

Suivez le mouvement descendant de la spirale de Lumière dans votre Antahkarana pour l'offrir à Gaïa sous vos pieds.

« Impulsez », formez un mouvement en spirale avec votre main.

Avec votre Épée lumineuse, ancrez ce mouvement, ancrez votre Lumière. Et voilà. Il en est ainsi !

Qui êtes-vous ? *(Le groupe répond : « Lumière ! »)* Certes, vous êtes Lumière !

Nous honorons votre Lumière, guerrier, pilier magnifique pour la terre. Nous vous honorons et nous vous remercions

De ce grand cœur cosmique où nous vibrons, nous vous bénissons, nous, du conclave lumineux, avec toute la Puissance de notre Amour, de notre Lumière, de notre Sagesse, nous répondons à votre appel.

Utilisez ces nouveaux outils, bien-aimé. Expérimentez-les :

- Soyez ce vortex rayonnant de Lumière et d'Amour.
- Que ces outils soient à votre service et au service de tous vos frères et sœurs.
- Que les peuples de votre terre créent à nouveau la Paix dans les cœurs, l'Harmonie et la Fraternité.
- Accueillez la reconnaissance de Gaïa.

Om Jai Jai Maa.

Cocréez ! Vous êtes le maître de cette œuvre magnifique de la restauration du Plan divin sur la terre !

Qu'il en soit ainsi ! Et il en est ainsi.

En service pour la Lumière sur Gaïa et dans tous les univers,

Je suis Michaël.

À toujours. *(Grand silence du groupe.)*

# *L'impact des nouvelles énergies dans les liens relationnels*

## Le principe féminin sacré

Om Jai Jai Maa. J'honore le principe féminin en vous. Je suis Michaël.

La vibration de Dame Foi est ici, avec moi, et déjà elle vous enveloppe de son Amour inconditionnel et de l'énergie de la Mère divine.

Nous vous suggérons fortement de garder la Conscience de vos racines afin de vous rapprocher de votre Mère Terre. Nous vous invitons également à garder le silence, porteur de l'énergie féminine, Source de toute création.

Il est si important, bien-aimé, de retrouver en vous la Conscience, la révérence et l'Amour du principe féminin. Celui-ci, depuis des millénaires, a été nié et occulté par la peur de reconnaître la Puissance et la Force du Féminin.

### Réconciliation du Féminin et du Masculin en vous

Cette réconciliation est vitale pour l'avenir de votre planète et, par conséquent, vitale pour votre propre avenir ! La création de la nouvelle Terre ne peut s'accomplir que dans le respect mutuel de ces deux principes.

### Méditation

### Ressentez le Féminin en vous qui est ouverture, accueil et réceptivité

Nous vous invitons à entrer dans votre cœur et à y créer un espace d'accueil et de réceptivité, qui est la caractéristique du Féminin présent en vous, que vous soyez homme ou femme !

Respirez profondément. Ce contact ne peut avoir lieu sans la fluidité de l'Être et sans la respiration consciente, celle qui vous amène à l'intérieur de vous et qui porte toutes les semences de votre potentiel illimité. Pour ressentir cette Présence féminine, apaisez votre mental, qui est associé au principe masculin. Dans l'histoire de l'humanité, la rationalité a été développée au détriment du principe féminin. Nous vous invitons à faire de cette rencontre une méditation afin que chacune des paroles que nous prononçons soit ensemencée dans le terrain fertile de votre cœur, celui du Féminin en vous.

Respirez profondément. Associez maintenant la respiration à l'énergie et à la fluidité de l'eau et voyez qu'elle pénètre chacun des aspects de votre Être en l'éclairant d'une vision nouvelle et en créant une profonde ouverture aux qualités féminines.

Permettez à l'énergie de l'eau de votre terre de monter jusque dans votre cœur. Accueillez cette eau afin qu'elle puisse entrer par chacune des portes énergétiques de votre Être et ainsi rétablir l'équilibre dans ce qui suit :

- l'Harmonie ;
- la Douceur du Féminin ;
- la Profondeur de votre Être, là où toute semence prend racine pour éclore et grandir.

## Il est temps que le principe féminin reprenne sa place

L'archétype du Féminin sur votre terre est actuellement « distorsionné » et blessé. Bien-aimé, frère ou sœur de la terre, rappelez-vous qu'à l'origine, l'énergie de la Source existait au-delà de l'énergie polarisée du Féminin et du Masculin, car Dieu dans sa forme originelle possède aussi en lui, en elle, le Féminin et le Masculin. Voilà pourquoi la Source a créé ces deux principes en tous les êtres qui habitent non seulement votre planète, mais qui représentent toutes formes de vie dans tous les univers.

Dans votre histoire terrestre, la polarité masculine a dominé le Féminin lorsque l'ego a pris le dessus sur l'Énergie divine qui vous habite. Vos religions ont fortement endossé la négation du Féminin, par crainte que la Force et la profondeur du Féminin n'occultent la Force masculine. Dès lors, un esprit de compétition a pris place dans toutes vos institutions et vos structures religieuses, sociales, économiques et souvent même familiales. Cet esprit en est un non seulement de compétition, mais de comparaison, de performance et, par le fait même, de division.

Rappelez-vous l'époque où plusieurs de vos religions ont mis à mort les femmes de pouvoir, appelées aussi « sorcières ». Ces femmes réellement proches de la Terre, en harmonie avec Gaïa, possédaient les enseignements et les connaissances pour créer avec les plantes des potions et des élixirs de guérison et d'équilibre. Elles possédaient également les enseignements et les connaissances nécessaires pour accueillir les informations du « soi » supérieur et multidimensionnel.

Depuis ce temps, la femme porte dans sa psyché profonde la peur de prendre la parole et d'assumer le pouvoir. Elle porte également une énergie de soumission et de victimisation fortement entretenue par les structures en place et par certaines femmes qui ont choisi de se nier et, ainsi, de perdre d'une certaine façon les qualités et les attributs de l'archétype féminin si essentiels à la vie.

Beaucoup de femmes dans vos sociétés occidentales ont cru reprendre leurs pouvoirs, par la compétition, la domination et la performance, en utilisant le modèle masculin.

Les structures établies par le pouvoir masculin ont entraîné une industrialisation développée à outrance qui, par le fait même, a brisé votre contact avec la terre. En niant le principe féminin en vous, vous avez aussi nié le Sacré de la vie. Voilà comment s'est développé l'esprit de division, d'oppression et d'exploitation. Voilà comment l'énergie de la guerre s'est aussi développée.

Le Masculin, quand il est anormalement combatif, fait de l'esprit de conquête la loi et la valeur principale sur terre :

- conquête de la matière ;
- conquête de l'air ;
- conquête de l'eau ;
- conquête de la terre elle-même, au détriment du Sacré.

Vous pouvez constater la pollution de tous les éléments et une dévitalisation de la planète et, par conséquent, de votre corps, ce véhicule sacré.

Faites le parallèle entre la souffrance de Gaïa et la vôtre, bien-aimé. Nombreux sont les malaises et les maladies imputables à cette dévitalisation de vos éléments sacrés. Nombreux sont les virus qui apparaissent à travers cette énergie de négation, porteuse de la destruction de ce qui est sacré en vous.

Voyez l'importance de reconnaître ces qualités qui vous permettront, à nouveau, d'honorer Gaïa et le Féminin en vous et de trouver dans l'Énergie christique une solution à vos difficultés.

## Trois cercles superposés symbolisent l'archétype du Féminin

L'archétype sacré du Féminin est symboliquement le cercle. En réalité, il peut être représenté par trois cercles qui s'interpénètrent. Ces cercles sont visualisés à la verticale. Le cercle supérieur se présente dans la vibration du Bleu et représente le lien du Féminin avec le cosmos et la Conscience du Grand Tout.

Le deuxième cercle, touchant par sa base le premier, incarne l'énergie de la pureté représentée dans votre histoire terrestre par la déesse Isis, celle qui porte les qualités et les formes du Féminin. Toutes les Mères divines incarnées sur votre terre se sont inspirées de l'énergie primordiale de la déesse Isis présente dans la civilisation de l'Égypte, le berceau de toute civilisation. Ce cercle Blanc reçoit l'empreinte du Père qui est la semence de la création.

Le troisième cercle Rouge qui interpénètre le deuxième par la base symbolise l'enracinement dans la terre. Dans ce cercle, couché à sa base, il y a le corps d'une femme qui reçoit, dans toutes les cellules de son Être, l'énergie même de la Mère divine.

Les trois cercles sont aussi importants les uns que les autres. Et lorsqu'il y a harmonie entre ces trois énergies, un quatrième cercle qui entoure les trois autres apparaît, ce qui représente l'accomplissement du royaume de Dieu. Sur Gaïa, vous avez aussi choisi actuellement de réaliser le Divin à l'intérieur de vous.

Nous vous invitons, que vous soyez homme ou femme, puisque les deux sexes possèdent en eux les deux principes, à entrer en résonance, dès à présent, dans un espace méditatif, avec ces trois cercles.

Voyez que l'eau circule entre les trois cercles et y apporte la fluidité dans chacun des symboles. L'élément eau représente la Conscience supérieure imprégnant la terre de l'énergie du Père. Avec une respiration fluide et profonde, prenez quelques instants pour visualiser cette imprégnation de l'eau dans les trois cercles.

Visualisez le chakra du hara englobant le chakra racine, en tant que cercle Rouge, celui du bas. Puis, il y a le chakra du cœur en tant que cercle du milieu, englobant le Soleil du plexus, le cercle Blanc. Finalement, il y a le chakra de la Conscience, cercle du haut, comprenant le troisième œil ainsi que la couronne dans le cercle Bleu en lien avec le cosmos.

Voyez ces trois cercles, non seulement dans le corps physique, mais aussi dans les corps éthérique, émotionnel, mental et spirituel.

Par le son « A », ancrez l'archétype féminin dans vos cellules.

Respirez profondément dans la Conscience de ce symbole représentant l'archétype du Sacré en vous.

Par la vibration du « A », faites l'ancrage de cette visualisation dans vos cellules mêmes. Dites ceci : « A… A... A... » *(son longuement répété par le groupe)*

Voyez la coupe du Graal contenant le nectar divin dans votre cœur : l'eau sacrée. Il n'y a pas de hasard que votre corps physique soit composé d'une si grande quantité d'eau, bien-aimé. Lorsque vous reconnaissez la vertu de la fluidité, cette qualité divine essentielle à la vie, vous retrouvez la Puissance du Graal, Force qui est à la fois fluide et puissante. Reconnaissez chacun des éléments de la terre en vous :

- l'eau apporte, par le travail intérieur, la purification du Plan émotionnel ;
- l'air, élément de purification du mental inférieur, vous ouvre à la Conscience supérieure soutenue par l'énergie cosmique.

Le Feu sacré, ce catalyseur alchimique dans l'union du Féminin et du Masculin, permet, par la transformation de l'Être, de recréer le royaume de Dieu en vous !

Contemplez cette transformation, bien-aimé, et constatez à quel point il est important de vous donner, tous les jours, des moments de contact avec tous les éléments de votre terre. Allez marcher dans la nature et, lorsque cela est possible, étendez-vous et blottissez-vous dans les bras de Gaïa afin d'accueillir sa vitalité.

Retrouvez le sens sacré de la respiration en ayant Conscience du prana divin qui vous nourrit. La respiration pranique vous permet de ne pas être assujetti aux effets de la pollution sur la terre. De façon très concrète, en honorant les éléments en vous et sur la terre, vous retrouvez la vie sacrée, celle qui, portée par une Conscience supérieure, crée des manifestations de rédemption, de résurrection et de renaissance.

## Reconnaissez les qualités féminines en vous

Reconnaissez en vous les qualités féminines. D'abord, il y a celle de l'intuition sacrée qui accueille les informations et les enseignements en provenance des Plans supérieurs et, avec le soutien du Masculin, les manifeste sur terre.

Ensuite, il y a la douceur, qui est un attribut de l'énergie de l'Amour inconditionnel féminin. Les enfants ne vont-ils point vers la mère pour recevoir une caresse ou une parole douce lorsqu'ils éprouvent une difficulté ? Même si le premier réflexe des enfants est d'aller vers leur mère, ils peuvent aussi retrouver ces mêmes qualités chez leur père quand il a reconnu la douceur du Féminin en lui.

Une autre qualité féminine est celle de l'inclusion, car le Féminin inclut « Tout Ce Qui Est ». Dans l'énergie féminine est présente celle de la Mère, que les femmes aient donné ou non, de façon biologique, la vie. Ce potentiel est présent en chacune, de même que dans le principe féminin chez les hommes. La Mère reconnaît tous les enfants comme les siens. C'est ainsi que la grande famille des humains est accueillie par le cœur féminin, le principe féminin. Ainsi, lorsque les enfants de votre terre souffrent, qu'ils soient près ou non de vous, vous ressentez, par compassion, cette souffrance.

Le cœur féminin accueille, en dehors de tout jugement, et sait reconnaître, derrière certains comportements humains destructeurs, la souffrance et la peur. Par l'inclusion (tout comme vous le faites fort bien avec le Bouclier d'Amour où vous accueillez toutes les énergies, tous les égrégores et tous les lieux), vous avez la possibilité, grâce à l'Amour inconditionnel, de transmuter ces peurs et ces souffrances.

La réceptivité et la profondeur sont également des qualités féminines. La vie n'éclot-elle point dans les profondeurs des entrailles de la mère ? Toutefois, la qualité de la profondeur prend ici un sens métaphysique :

- ✧ la profondeur de la réceptivité au Divin ;
- ✧ la profondeur de l'ouverture ;
- ✧ la profondeur de l'accueil de la vie sous toutes ses formes ;
- ✧ la reconnaissance du Sacré, présent en tout.

Le Féminin accueille et reconnaît autant le Sacré de la vie chez les animaux, les végétaux et les minéraux qu'elle le reconnaît chez les humains. Honneur à la vie !

L'humilité est aussi une qualité associée au Féminin. Cependant, la distorsion de l'humilité a amené l'élément féminin à se nier et à s'occulter en évitant de prendre la parole et d'exercer son pouvoir. Il est temps maintenant de retrouver une humilité réelle, celle de l'Être qui se reconnaît, celle qui ose s'affirmer dans sa beauté féminine, dans ses qualités et ses attributs, celle qui ose inspirer à nouveau le Masculin et lui permettre de répondre, pour manifester ensemble ce qui demande à l'être, les formes nouvelles, ensemencées par la Conscience supérieure.

Que l'énergie de la Mère divine soit reconnue et honorée en vous !

Ainsi, l'énergie féminine est associée au Bouclier de Compassion et d'Amour inconditionnel, alors que l'énergie masculine est associée à l'Épée. Les deux énergies, vous le comprenez, se complètent fort bien. L'une sans l'autre est incomplète. Il est temps de reconnaître en vous la Puissance de ces outils sacrés, associés à vos principes féminin et masculin.

**Méditation inspirée par Dame Foi**

**Accueillez le symbole féminin dans toutes vos cellules**

Nous vous invitons à prendre Conscience de vos racines et à retourner dans votre cœur en visualisant le cercle Blanc imprégné par l'énergie du Père.

Pénétrez par une porte triangulaire pour accueillir cette Force d'Amour, cette Force christique qui alimente votre Bouclier par le Feu sacré. Appelez votre propre symbole du principe féminin. Pour ce faire, puisez dans la géométrie sacrée, tout comme vous pouvez aussi chercher l'énergie de la déesse ou de tout autre symbole ou image qui parle à votre cœur.

Dans votre Présence, « Je Suis Tout Ce Qui Est ». Ehyeh Asher Ehyeh[16]. *(« Ehyeh Asher Ehyeh » est répété par le groupe.)* Répétez ce symbole dans sa pureté originelle qui est l'archétype même de la création. Accueillez intérieurement ce symbole dans toutes vos cellules afin que soit reprogrammé, dans votre ADN même, cet archétype primordial qu'est celui du principe féminin sacré.

Respirez profondément, visualisez et ressentez l'eau sacrée qui circule.

Prenez le temps d'aller chercher dans la Source même du Graal de votre cœur, cette Force incommensurable d'Amour christique et propagez par le son et la visualisation l'eau qui y circule. Elle pénètre avec fluidité par la forme du 8 chacun des trois cercles de l'archétype féminin présents dans votre corps. Faites vibrer le son « A ».

Ouvrez maintenant le Bouclier, ouvrez vos bras afin de ressentir l'énergie du cœur qui inclut tout, vos frères et sœurs et toutes les vies

16. *Ehyeh Asher Ehyeh* signifie « Je Suis Tout Ce Qui Est ».

sur Gaïa : Inclusion, Compassion, Amour inconditionnel, Accueil et Transmission de la Vie.

Créez la vie en vous, bien-aimé. Recréez la Vie divine par la reconnaissance du Sacré qui vous habite et qui est présent dans toute vie. Accueillez l'énergie de la Mère et offrez cette énergie à votre planète Gaïa. Redonnez à Gaïa ce qu'elle vous a donné. Aimez-la, reconnaissez-la et, par le fait même, aimez-vous, tout comme nous vous aimons de façon inconditionnelle, vous, enfant de la terre, frère ou sœur que nous honorons.

Om Jai Jai Maa. Om Jai Jai Maa. Om Jai Jai Maa.

*(Michaël dit avec une très grande douceur : « Peut-être ressentez-vous Dame Foi. » Puis, cette phrase est répétée avec autant de douceur par le groupe.)*

Que l'énergie de la Mère divine présente dans le principe féminin sacré s'exprime à nouveau en vous et sur la terre. Nous remercions Gaïa pour son accueil à travers vous, grand canal de Lumière et d'Amour.

Dans l'Unité, nous sommes.

En service pour Gaïa et pour tous mes frères et sœurs dans tous les univers, je suis Michaël.

À bientôt, bien-aimé.

## L'intégration du Féminin et du Masculin en vous

Namaste, bien-aimé. Om Jai Jai Maa.

Ouvrez grand votre cœur. Dans cette ouverture, percevez tous vos frères et sœurs de la terre ainsi que les êtres de toutes les races animales, quelles que soient leurs formes ou leurs vibrations. Augmentez l'ouverture de ce cœur dans la Conscience de l'Unité et reconnaissez que tous les végétaux, ce merveilleux monde sur terre, sont aussi vos frères et sœurs. Honorez les devas, les élémentaux et l'ensemble des Forces naturelles sur la terre. Placez toutes ces vibrations dans votre cœur.

Accueillez maintenant la vibration du monde minéral en tant que soutien essentiel de votre terre. Reconnaissez les devas présents dans ces minéraux et les cristaux. Ils s'activent en ce moment à l'intérieur et à la surface de la terre. Ils sont appelés les « Êtres de cristal ». Ce sont aussi des guerriers de Lumière, bien-aimé. Ils œuvrent à leur façon, tout comme vous œuvrez avec vos qualités spécifiques du plus profond de votre Être.

Je suis Michaël.

Est aussi présente avec moi la forme féminine, la vibration de mon double Divin, Dame Foi. Tout comme moi, Dame Foi porte en équilibre à l'intérieur les principes masculin et féminin.

## L'importance d'équilibrer le Féminin et le Masculin

Depuis quelque temps, nous vous transmettons souvent l'importance de prendre Conscience, de reconnaître et d'équilibrer le Féminin et le Masculin en vous. C'est maintenant le temps de transcender et de transmuter les blessures reliées à ces archétypes qui se sont distorsionnés à travers l'expérience humaine. Par vos croyances, ces archétypes se sont instaurés dans votre mental inférieur.

Le temps presse d'actualiser votre mandat, d'équilibrer et d'honorer d'abord le Féminin et de l'harmoniser avec le Masculin en vous.

Nous vous invitons à prendre Conscience de l'octaèdre, cette double pyramide appuyée l'une sur l'autre par la base. Elle est un relais dans les dimensions élevées pour recevoir et intégrer nos enseignements ainsi que les vibrations des Plans de Lumière. Des codes vibratoires tangibles s'activent en ce moment à l'intérieur de l'octaèdre, codes faits des Présences archangéliques et angéliques ainsi que de celles des maîtres ascensionnés. Ces maîtres vous ont montré le chemin de l'éveil et de l'illumination à travers leur parcours humain.

Vous êtes sur le point d'accomplir cet éveil dans la Lumière, et nous, nous avons aussi le privilège d'apprendre de vous. En ce moment, vous recevez de façon intensive de puissantes énergies. Vous pouvez le constater en observant les bouleversements que vous vivez à l'intérieur et à l'extérieur de vous, cela à plusieurs niveaux et dans différents lieux de votre planète. Il s'agit des derniers soubresauts de l'énergie de dualité. Il est possible que vous ressentiez ces derniers soubresauts comme une accélération quelque peu exigeante et même difficile à vivre.

Cependant, nous pouvons vous assurer que, sur Gaïa, nous percevons de plus en plus des phares de Lumière. Nous observons votre Conscience qui s'éveille dans un mouvement de fraternité, d'Amour et d'inclusion qui va bien au-delà du monde des apparences et de ce que vos médias tentent de vous faire croire. Nous vous invitons à vous positionner au-delà de ce qui semble désespéré et de ce qui semble parfois être allé trop loin dans la destruction de la beauté sur votre planète. Il s'agit, nous le répétons, d'une ultime illusion et il est essentiel, plus que jamais, d'utiliser la vision du cœur et une Conscience allumée, portée par une foi imperturbable en votre pouvoir de manifester ce que vous choisissez d'accomplir dans votre Divinité.

Certes, il existe encore beaucoup de résidus associés aux archétypes distorsionnés des principes féminin et masculin, puisque l'un ne va pas sans l'autre. Les deux sont complémentaires. En ces temps d'éveil, il est important que vous observiez d'une façon encore plus pointue et plus profonde comment se manifestent ces deux archétypes en vous. Vous le savez, vous êtes celui que la terre attendait. Vous êtes celui qui agit en tant qu'éclaireur, guerrier de première ligne ainsi qu'ambassadeur de Lumière et créateur d'un monde nouveau.

## Les caractéristiques du principe féminin et du principe masculin

Avant de vous entretenir sur l'essence même du principe masculin divin, il est important de revenir brièvement sur les qualités et les vertus associées au principe féminin, et vous rappeler que vous vibrez dans les deux énergies, féminine et masculine.

Le Féminin se caractérise avant tout par l'accueil, l'intériorité, la profondeur et toutes les qualités associées à l'Amour inconditionnel ainsi que la Compassion, l'Harmonie, le Respect, la Douceur et l'Humilité profonde de l'Être qui se reconnaît. Le Féminin se caractérise aussi par la capacité d'inclure toute la vie autour de lui et en lui et de reconnaître la création divine même. Ce qui veut dire que le Féminin a la capacité d'inclure non seulement la vie sur Gaïa, puisque vous y êtes incarné, mais aussi la Conscience que la vie existe dans tous les Plans, dans toutes les dimensions, dans votre galaxie et dans de multiples autres univers. Voilà toute la compréhension du terme *inclusion*. Dans cet élan d'accueil typiquement féminin, vous délaissez tout jugement pour reconnaître la beauté du Divin en tout et partout.

Bien-aimé, le Féminin est l'inspiration divine, l'inspiration du Souffle, la réceptivité au prana. Le Féminin possède la faculté de descendre profondément à l'intérieur. Ce mouvement est à ce point important puisque de cette inspiration naît l'expiration associée au principe masculin. Il n'existe pas d'inspiration sans expiration et d'expiration sans inspiration. Comprenez-le. Ainsi est le mouvement de la vie !

Dans sa Divinité, le Masculin soutient le Féminin. Il est aussi l'aspect guerrier symbolisé par l'Épée. L'Épée est directive, l'Épée tranche, l'Épée crée des percées de Lumière et d'ouverture. Le Masculin est associé à l'Épée, alors que le Féminin est associé au Bouclier d'Amour.

Le Masculin porte l'énergie de l'élan, de la détermination et de l'action. Le Masculin actualise l'inspiration du Féminin et lui permet d'être en action. En ce sens, le Masculin, tel le chevalier, sert et soutient le Féminin. Le Masculin est aussi l'énergie qui protège le Féminin. Le Masculin crée ce qui a besoin d'être créé en ce qui concerne les manifestations, les formes et les structures pour honorer, respecter et favoriser l'éclosion de l'inspiration féminine.

Le Masculin porte l'énergie de l'élan créateur qui met en mouvement ce qui a besoin de l'être afin de créer des lieux précis, des supports où le Féminin pourra s'épanouir pour restaurer la nature. Le Masculin met en action les solutions appropriées et, inspiré par le Féminin, il articule des solutions étape par étape. Le Masculin sait discerner, il sait utiliser le mental supérieur pour évaluer, proposer, négocier et, au besoin, créer les associations qui vont permettre l'éveil et l'enracinement de l'Esprit sur terre.

Jusqu'à maintenant, la science, par son côté rationnel, a créé beaucoup de distorsions et de divisions nourrissant ainsi la dualité. La science a besoin maintenant de s'associer profondément au Féminin afin que l'Esprit puisse pénétrer la matière pour créer de nouvelles formes, de nouvelles structures, des solutions de guérison, de transmutation et d'expansion sur votre planète. La science ne peut s'épanouir dans la vérité que si elle s'associe au principe féminin, qui est l'inspiration qu'on appelle aussi l'« Esprit saint » ou la Shakti.

Reconnaissez la complémentarité de ces deux énergies à l'intérieur de vous, puisque ce qui se crée à l'intérieur se manifeste à l'extérieur.

C'est pourquoi vous, guerrier, êtes appelé à recréer l'équilibre et l'harmonie, le respect et la révérence entre ces deux principes afin que le Sacré soit à nouveau honoré.

Nous vous invitons à observer les déséquilibres dans votre vie pour bien discerner là où vous vous situez. Certains humains vibrent plus spécifiquement dans l'énergie féminine. Ce sont souvent des êtres plus méditatifs, plus intériorisés qui vibrent dans de hautes fréquences et qui ont parfois des difficultés à s'enraciner, à mettre en mouvement ou en action ce qu'ils reçoivent des Plans supérieurs de Conscience. D'autres expérimentent la polarité masculine d'une façon disproportionnée, dans le sens qu'ils sont constamment dans l'action, dans l'« agir pour agir » ! Rappelez-vous l'enseignement sur l'ego qui se caractérise par une distorsion du faire, de l'avoir et du paraître.

En effet, certains êtres s'activent en ne prenant pas le temps de s'intérioriser et de recevoir l'inspiration de manière à créer l'action juste. Ces êtres sont souvent en réaction plutôt qu'en action. Ce sont là des comportements qui, depuis fort longtemps, ont été créés et entretenus par des croyances liées à la peur. Il est temps maintenant de vous observer de façon plus approfondie et de regarder vos comportements, vos schémas et vos scénarios afin de recréer l'harmonie entre le Féminin et le Masculin.

Lorsqu'il y a équilibre entre le Féminin et le Masculin, l'Harmonie et la Paix règnent et la créativité se vit et s'accomplit. Cette créativité est une aspiration basée sur une vision juste, celle du Divin qui vous habite et qui demande à être manifestée sur la terre.

## Spiritualisez la matière en associant les principes féminin et masculin

Spiritualiser la matière signifie reconnaître le Sacré de votre propre matière, de votre propre corps et de votre planète. Spiritualiser la matière signifie aussi vénérer et honorer la terre et contempler la beauté de Gaïa et reconnaître ses appels à l'harmonie.

Avec l'Épée sacrée, le principe masculin porte la véritable action juste. Vous pouvez aussi symboliser ce principe en utilisant l'image du « bâton de pouvoir » utilisé chez les peuples autochtones. Ainsi, lorsqu'un être se sent inspiré, il demande la prise du bâton pour s'exprimer. Cela est un magnifique rituel que nous vous encourageons à perpétuer de différentes façons. Recréez cette image à l'intérieur de vous, le pouvoir de l'Être qui est celui qui s'appuie sur la Vision divine pour exprimer sa créativité.

Ainsi, lorsque la femme porte en son sein un enfant, elle doit pouvoir s'appuyer en toute confiance sur son compagnon afin que celui-ci, par l'action juste, crée le cocon, ce lieu nécessaire à l'éclosion de la vie. Si vous observez autour de vous, vous constaterez que beaucoup de femmes ont perdu cette confiance. Elles se croient obligées de tout régler elles-mêmes, de tout mettre en mouvement pour leur protection, n'ayant plus la confiance nécessaire pour déléguer et pour s'appuyer sur leur compagnon. Cela fait partie de vos blessures et, si vous l'observez bien, cet exemple peut se multiplier à l'infini.

L'élément féminin a besoin d'être aimé pour s'épanouir. L'énergie féminine se caractérise surtout par le senti. Ainsi, la femme a besoin de ressentir l'Amour pour s'épanouir. Le Masculin a besoin de percevoir qu'il est reconnu dans sa capacité de gérer certaines situations avec bienveillance, discernement, vérité, justice et Force. Il a aussi besoin de se manifester dans ce qu'il est. Autant le principe féminin démontre une Force intérieure, autant le principe masculin démontre une Force qui s'extériorise dans la matière. Les deux éléments féminin et masculin ont à être reconnus dans leur spécificité, leur beauté et leur énergie primordiale. Vous possédez les deux à l'intérieur de vous, bien-aimé !

Pouvez-vous percevoir la beauté de l'association, la complémentarité des deux principes ?

Faites-vous confiance au Masculin à l'intérieur de vous pour accomplir et réaliser vos projets ? Le Féminin fait-il confiance au Masculin pour manifester le confort et l'abondance qui permettent l'expansion de l'Être, non pas dans l'insécurité, mais dans la certitude que l'abondance est une vertu et une qualité divine ? Voilà pourquoi nous avons proposé dernièrement d'envisager la prospérité afin de libérer ces croyances que vous associez encore à l'argent et à l'abondance sous toutes ses formes.

La beauté de votre environnement fait partie de la prospérité. Un état d'être confiant et harmonieux en fait aussi partie. Lorsque vous recevez une inspiration merveilleuse, donnez-vous une suite concrète à cette inspiration, sous forme de projet ? Demandez-vous au Masculin, à votre Masculin, de soutenir cette vision ? Le Masculin s'appuie-t-il sur le Féminin pour recevoir l'inspiration et ainsi être guidé dans chacune des étapes de l'accomplissement ? Ou, vous retrouvez-vous six mois, un an, peu importe le temps, après avoir reçu l'inspiration, sans avoir rien accompli ? Vous reconnaissez-vous en cela ? *(« Oui, non », disent certains. Tout le groupe se met à rire, se reconnaissant dans les deux attitudes.)* Merveilleux. Ainsi, nous vous demanderons d'enseigner ce qui est intégré. Certes, vous enseignerez ! N'hésitez pas à communiquer ce qui est intégré ou en voie de l'être. Retrouvez l'importance de la communication et de la communion entre le Féminin et le Masculin.

### Exercice

### Intériorisation de l'enseignement dans une expérience émotionnelle forte

Respirez profondément. Bien positionné à l'intérieur de votre octaèdre, prenez Conscience que vous êtes dans une salle où l'enseignement et la vibration qui y sont véhiculés s'intègrent plus aisément dans vos cellules, dans votre cerveau, dans votre Conscience et dans votre être. Retrouvez-vous sur le fauteuil Or, dans votre énergie, dans votre essence, dans votre « Je Suis ». Demandez la collaboration de votre inconscient pour ramener à votre mémoire une situation vécue où vous avez ressenti une émotion forte, une émotion dite limitative, comme une émotion de frustration, de peine ou de colère.

Grâce à cet exercice, vous comprendrez pourquoi les émotions sont associées au principe féminin. Le Féminin ressent et le Masculin utilise le mental supérieur pour se libérer de ses blessures.

Pour ce faire, rappelez-vous une situation où vous avez vécu une émotion forte : vous rappelez-vous le mouvement que vous avez manifesté à la suite de cette émotion ? Avez-vous eu une réaction de fuite dans l'action ? Avez-vous eu un mouvement de rationalisation pour nier l'émotion ? Avez-vous reporté sur autrui le blâme, le jugement, la projection, la catégorisation, la comparaison ou tout autre attribut de l'intellect ou du mental ? Avez-vous eu le réflexe de vous replier sur vous-même avec l'impression de vous écraser ou de « surnourrir » l'émotion et de vous victimiser dans l'émotion ?

Nous vous invitons à identifier plus précisément vos mécanismes ou vos scénarios qui vous amènent à entrer en réaction et non en action, en vous précipitant à consommer, qu'il s'agisse d'aliments, de cigarettes, d'un magasinage obsessif ou de dispersion dans ce que vous appelez la « télévision ». Pouvez-vous percevoir vos mécanismes ?

## En accueillant vos émotions, vous permettez au Masculin d'agir

Accueillez vos émotions avec compassion, cessez de les occulter et de les nier. Dès que vous agissez ainsi, la communication peut s'établir avec le Masculin. Le Masculin, à son tour, peut très bien demander au Féminin quels sont ses besoins afin de permettre au Féminin de se sentir en sécurité, de reconnaître ce qui est présent et de l'exprimer et ainsi de vivre la libération. Vous le savez fort bien, dès qu'une émotion se cristallise, une charge énergétique apparaît qui, souvent, se transforme en malaises, tensions ou maladies.

Parfois, le Masculin en vous, à l'écoute du Féminin, pourra proposer un mouvement aussi simple que de dire non à une invitation de vous précipiter à l'extérieur avec des amis, pour occulter l'émotion qui est en place, ou encore de vous précipiter au cinéma ou devant la télévision. Il devra mettre en place ce qui est nécessaire pour permettre un mouvement naturel afin que l'émotion puisse se vivre complètement. Néanmoins, plutôt que d'accueillir l'émotion et de percevoir la blessure qui s'y trouve cachée, vous élaborez des scénarios basés sur vos croyances réductrices et, ce faisant, vous créez des distorsions qui vous font perdre le contact avec votre réalité.

Cette anomalie nous rappelle que le Masculin est en souffrance et répète avec inconscience les jugements, les dévalorisations, les blâmes, les projections, et ainsi de suite. Il s'agit alors d'un mental qui n'est pas dans sa vérité, dans sa justice et dans sa justesse. Il s'agit d'un Masculin conditionné et plein de restrictions, un mental inadéquat qui est hors de son pouvoir divin.

En observant plus attentivement comment se vivent à l'intérieur de vous le principe féminin et le principe masculin, vous expérimentez une plus grande maîtrise. Vous avez alors ainsi le choix de sortir de l'inconscience.

### Deux principes indissociables pour la création d'un nouvel Être et d'un nouveau monde

Depuis longtemps, votre inconscient est nourri par des stéréotypes inadéquats. Le principe féminin cherche désespérément une façon de s'accomplir et de se protéger. Cependant, la femme a voulu se comparer à l'homme, se mesurer et emprunter en quelque sorte les mécanismes associés au Masculin. Cette situation est porteuse de nombreuses blessures de non-confiance et de non-reconnaissance qui doivent être transcendées et transmutées. Cette situation vous amène aussi à rechercher à l'extérieur, chez un partenaire ou une partenaire, la reconnaissance de ce que vous êtes. Le temps est venu de vous réapproprier totalement cet Amour de vous-même, dans la beauté du Féminin et du Masculin en vous et de reconnaître que ces deux principes sont indissociables dans la création d'un nouvel Être et d'un nouveau monde.

Le Féminin, qui est méconnu et non aimé, a tendance à se replier et à rejeter avec méfiance le Masculin. Et le Masculin, qui n'est pas reconnu dans sa Force, a tendance à se replier, à juger le Féminin et à se maintenir dans des blessures perpétuant de façon inconsciente la destruction ou l'inertie.

Rappelez-vous que la respiration, qui est le principe même de la vie, est constituée d'une inspiration et d'une expiration.

## Rituel de réconciliation des deux principes par les rayons Rose et Bleu

### Le rayon Rose

Nous allons maintenant vous proposer un rituel que nous vous suggérons d'accomplir tous les jours pendant quelque temps. Cela ne prend que quelques minutes. **Ce rituel vous aidera grandement à la réconciliation et à l'harmonisation des deux principes à l'intérieur de vous.**

Prenez une profonde respiration. Prenez Conscience à nouveau de vos racines afin d'offrir le fruit de cet exercice à votre mère Gaïa et par conséquent à tout ce qui vit en elle. Reprenez contact avec Gaïa. Ouvrez votre cœur et, dans une inclusion très maternelle, entourez la terre entière de votre Amour.

En ce moment, ressentez un grand Soleil radieux au-dessus de votre tête qui vibre dans sa Toute-Puissance de création.

Respirez et permettez aux rayons de ce Soleil d'inonder votre Antahkarana.

Montez, montez dans votre Conscience, élevez vos antennes cosmiques, pinéale et pituitaire, et demandez à recevoir, du Plan causal de la pensée de Dieu, un rayon Rose de la fréquence spécifique du principe féminin.

De là, percevez la Présence d'une déesse qui « impulse » et propage ce rayon Rose vers vous. Accueillez-le par le chakra de l'âme au-dessus de votre couronne.

Partant de la couronne, dans un mouvement transversal, voyez le rayon Rose pénétrer l'hémisphère droit de votre cerveau, croiser la gorge, le thymus, le chakra du cœur et se répandre dans tout le côté gauche de votre être, se prolongeant dans le corps de Mère Terre.

Respirez profondément. Accomplissez cela.

Par une vibration sonore qui rendra plus concrets l'ancrage et la matérialisation ou l'ancrage de ce rayon, faites vibrer le « hou » en visionnant, cette fois, les lettres « H », « O » et « U ».

Respirez. Allez chercher l'inspiration dans la pensée de Dieu et recevez. « Hou… Hou… Hou… »

Tout en faisant vibrer ce son, voyez que le rayon Rose se propage dans la partie gauche de votre corps et se prolonge en racine dans la terre.

Nous allons maintenant utiliser la vibration cristalline pour permettre l'intégration de cela. *(Un bol de cristal retentit en unissant son tintement à la vibration du groupe.)* « Hou… Hou… Hou… »

Prenez Conscience que vous activez le principe du Féminin sacré en vous, bien-aimé, et que le rayon Rose se répand dans toutes vos cellules et illumine tout sur son parcours.

Om Jai Jai Maa. Honorez le divin Féminin en vous ! Honorez la Divinité féminine en vous.

## Le rayon Bleu

Respirez de nouveau profondément. Retournez vers cette sphère lumineuse au-dessus de votre tête, sur le Plan causal de la pure Lumière et demandez, par le son « hou », à recevoir le rayon Bleu du principe masculin divin.

Faites vibrer ce divin son, bien-aimé : « Hou… Hou… Hou… »

Par l'hémisphère gauche de votre cerveau, laissez se répandre le rayon Bleu dans tout le côté droit de votre corps et se prolonger en racine dans le corps de Mère Terre. *(Le son se termine.)*

Respirez profondément. Accomplissez cela.

D'un grand Amour, votre mère Gaïa vous renvoie les deux racines fusionnées en un seul rayon Violet.

Inspirez et accumulez ce rayon Violet dans toutes vos cellules. Ce divin rayon repositionne dans l'équilibre chacune de vos cellules dans l'harmonie du Féminin et du Masculin, l'harmonie de la Mère et du Père en vous.

Par le saint nom de Dieu, Adonaï Tsebayot, qui vibre en vous, vous avez créé cela.

Respirez maintenant dans cette expansion de l'Être et reconnaissez cet équilibre en vous.

Reconnaissez la beauté du Féminin, l'inspiration, la Divinité de l'Esprit qui vous anime ainsi que la divine Vision portée par l'Amour, la Compassion, l'Harmonie, la Profondeur, l'Intériorité et la Douceur.

Reconnaissez aussi la beauté du Masculin en vous, en sa capacité de créer, d'accomplir, de manifester et de protéger la vie ! Le Masculin, dans son principe sacré, est ensemencé par la divine Vérité et la Sagesse.

Voyez maintenant que le Masculin et le Féminin en vous s'honorent avec Namaste. Si vous le ressentez, si vous êtes prêt à faire ce choix, nous vous suggérons de prendre l'engagement d'honorer et de respecter le Féminin et le Masculin à l'intérieur de vous. En réalisant ainsi la communication entre ces deux principes, vous réalisez la communion divine.

Ainsi, le Féminin saura, avec confiance, exprimer l'inspiration et le ressenti, et le Masculin saura respecter et proposer la mise en place des mécanismes de protection, de soutien, d'accomplissement et de création. Cette communication demande constamment à être nourrie. Ainsi, le Masculin retourne au Féminin pour recevoir l'inspiration, et le Féminin se repose et s'appuie sur le Masculin, sachant fort bien que le Masculin saura mettre en place ce qui demande à l'être pour l'éveil et l'épanouissement de l'enfant nouveau.

Nous vous invitons, cher ambassadeur, à transposer cet enseignement à tout ce qui constitue les relations sur la terre afin que naissent de nouvelles structures économiques et politiques, issues de la vision et de l'inspiration de la Mère divine en vous. Qu'il en soit ainsi puisque vous êtes cocréateur et maître d'œuvre.

Nous avons une totale confiance en nos frères et sœurs incarnés sur la terre. Nous vous aimons tendrement d'un Amour inconditionnel et infini.

Pour compléter cet exercice, nous vous suggérons de vous approprier les outils tels les vortex et les triangles déjà établis entre l'Arizona, l'Égypte et le Pérou et entre la France, le Québec et les Caraïbes afin de nourrir cette matrice de Lumière et d'Amour. Ces vortex et triangles permettent à nos vibrations de s'intégrer avec plus de facilité dans les cellules mêmes de la terre et dans la Conscience de tous les peuples. Créez l'alliance entre le Féminin et le Masculin et entre tous les peuples de la terre.

Cette énergie nouvelle fait émerger le respect et l'harmonie en vous.

Nous vous bénissons.

À partir du rayon Bleu, afin de manifester le mouvement créateur sur la terre, moi, Michaël *(Michaël fait un long Souffle créateur, bref et puissant sur le groupe)*, je vous transmets cet élan inspiré par Dame Foi.

Poursuivez, bien-aimé, l'œuvre grandiose de la restauration du Plan divin sur Gaïa !

Namaste. Om Jai Jai Maa.

## Les relations dans la cinquième dimension

Salutations, bien-aimé,

*(« Salutations, Michaël. »)*

Om Jai Jai Maa. Nous saluons et honorons le principe féminin en vous.

En ouvrant encore plus grand le Temple du cœur, le Bouclier d'Amour, prenez Conscience que vous formez une âme de groupe et, déjà, par cela, bien-aimé frère ou sœur, vous acceptez de sortir des limitations de la personnalité et de l'individualité. Le temps est venu de reconnaître que vous êtes uni et unifié à « Tout Ce Qui Est » et bien sûr à tous vos frères et sœurs qui représentent certains aspects de votre être.

Dans un élan d'Amour à partir de votre cœur, créez à trois reprises le mantra, la résonance du son « OM ». Par cela, vous unifiez et vous incluez tous les êtres présents. Nous vous invitons, aussi, à prendre Conscience de tous les élémentaux, vos frères et sœurs, ces Êtres divins qui œuvrent sans relâche avec votre mère Gaïa pour harmoniser vos énergies, les énergies de votre terre intérieure et de votre terre extérieure.

Il est important de reconnaître ces Présences, ces devas, de les honorer tout comme nous reconnaissons et honorons votre Mère divine, Gaïa, Urantia.

Activez maintenant cette vibration de l'« OM » dans cette inclusion, bien-aimé : « OM… OM… OM… »

Chaque équinoxe que vous expérimentez sur votre terre est un moment merveilleux d'ouverture. L'équinoxe représente un portail ouvert sur votre multidimensionnalité et, dans l'ouverture de ce portail, vous recevez de nombreuses grâces. En réalité vous recevez une amplification de fréquences christiques qui descendent sur la terre.

Respirez profondément et ouvrez-vous à recevoir, car si vous n'ouvrez pas votre cœur et votre Conscience, il est vrai que vous recevrez, quoique d'une façon plus limitative. Ayez cette intention d'ouvrir grandes vos possibilités divines illimitées, vous reconnaissant ainsi dans ces fréquences vibratoires présentes en ce lieu devenu sacré par votre intention et le rituel effectué en début de rencontre. Voyez comme vous êtes puissant, bien-aimé, voyez comme vous êtes créateur dans votre Divinité.

À chaque instant, par un choix clair de vous relier à votre Divin, votre « je suis », vous ensemencez de nouvelles formes, de nouvelles énergies, des fréquences, de nouveaux codes dans votre matière, dans votre corps et dans votre Terre ! Reconnaissez cela.

Nous vous honorons, bien-aimé, pour ces créations.

Respirez profondément. Reconnaissez le rayon Un dans lequel vous vous abandonnez à la Volonté de Dieu en vous. Cet abandon, ce lâcher-prise sur l'ego et la volonté personnelle vous conduiront à la réalisation de l'Être.

En ce jour, dans cette rencontre merveilleuse de nos âmes, nous allons plus particulièrement cibler notre enseignement sur ce qui constitue la cinquième dimension sur votre planète.

Votre Mère, divine Gaïa, vibre déjà dans l'énergie de la cinquième dimension. Déjà, son Être que vous pouvez appeler aussi « corps éthérique », « corps d'Être », y vibre. Le choix de Gaïa est clair et s'accomplit. Dans ce mouvement ascensionnel, elle vous offre, tout comme votre âme vous l'offre, la possibilité de vous réaliser, de vous accomplir dans ce passage unique sur votre planète, dans les vibrations supérieures de l'Être. L'Être, l'état d'Être, bien-aimé, caractérise l'énergie de la cinquième dimension.

## Chevaucher entre les dimensions

Plusieurs humains sur la terre chevauchent encore entre les troisième, quatrième et cinquième dimensions et certains joignent aussi la sixième, d'où l'ouverture sur la multidimensionnalité. Vous entrez alors en Présence du Mahatma, cet Être, cette énergie synthèse des 352 Plans vous menant à la totale réalisation avec la Source divine en vous, le Dieu créateur.

Pour chaque dimension dans laquelle vous expérimentez et vibrez, il y a sept sous-dimensions ou sept sous-plans. C'est pourquoi il vous semble, par moments, avoir atteint un certain niveau de maîtrise relié à l'Être et que, par moments, vous avez l'impression d'être à nouveau dans les énergies de troisième dimension. Expérimentez-vous cela, bien-aimé ? *(« Oui. »)* Cela est simplement le reflet de l'intégration qui est à s'accomplir à l'intérieur de vous à travers ces étapes ou sous-plans. Lorsque le septième sous-plan de la cinquième dimension est atteint, il y a stabilisation de votre Être. Vous avez alors accompli la désidentification à vos anciens codes, identités et rôles pour aller plus loin dans votre éveil. Il en a été de même pour accéder à la quatrième dimension.

Il est fort important, dans ces périodes où vous dansez quelque peu entre les dimensions plus lourdes et moins lourdes, de ne point vous juger et d'accueillir cela comme faisant partie de l'expérimentation. Rappelez-vous que votre âme est constituée de onze extensions d'âmes et que la réconciliation et la réunification de tous ces aspects et extensions de vous font partie de votre mandat. Ce qui vibre encore dans la troisième dimension, l'énergie de dualité, de division, de séparation, de peur et de doutes, se présente à vous afin d'être recalibré par votre Conscience supérieure. N'est-ce point le cas ? Cela demande un choix fort clair, cela demande un alignement total. C'est ce qu'ont fait vos frères et sœurs qui ont déjà vécu l'incarnation et qui se sont réalisés dans l'éveil ou l'ascension.

## Tout est création divine

Ainsi, tous ces maîtres dans ce centre merveilleux de l'Être appelé « Shamballa » sont présents pour vous montrer le chemin, pour vous guider ou pour vous le rappeler simplement, car la Présence divine en vous sait et connaît ce chemin. Elle connaît le chemin de transmutation des énergies plus lourdes, le chemin de la Conscience et de la Présence en relation à vous-même.

Dans ces expérimentations à la troisième dimension, vous avez cherché à l'extérieur de vous la voie juste et la guidance et vous avez même créé un Dieu extérieur à vous alors que vous êtes une étincelle de ce Grand Tout divin, le « Je Suis Tout Ce Qui Est », le « Ehyeh Asher Ehyeh ».

Vous avez choisi d'expérimenter sur une planète et vous vous êtes enlisé dans des énergies plus lourdes à partir du moment où vous avez cessé de reconnaître le Divin en vous à travers le processus d'incarnation. Cependant, et nous avons déjà à maintes reprises transmis cet enseignement, lorsque vous avez expérimenté la chute du paradis terrestre et céleste, vous êtes descendu de plus en plus dans l'identification à la matière en oubliant vos origines divines.

## La souffrance n'a plus lieu d'être

En quelque sorte, vous avez aussi été, certes, manipulé par des êtres, des dieux créateurs qui ont choisi de vous accompagner d'une certaine façon ou de vous voir emprunter ce chemin de dimensions plus lourdes.

La notion du karma signifie simplement que, dans certaines incarnations, vous n'avez point accompli la résolution consciente de certaines relations et situations. Vous avez accumulé des lourdeurs et, nourri par le mental inférieur, incarnation après incarnation, vous vous êtes identifié à ces illusions qui ont créé ce corps émotionnel de souffrance.

Rappelez-vous bien que cette énergie de la souffrance est un choix puisque vous créez tout et que cette illusion n'a plus lieu d'être dans la cinquième dimension.

La cinquième dimension, bien-aimé, est celle de la liberté et vous comprenez que cette liberté vient d'un affranchissement de tous les aspects lourds auxquels vous vous êtes attaché dans ce parcours évolutif. Oui, parcours évolutif, car vous êtes celui, de cette planète Gaïa, Urantia, qui démontre à sa galaxie et à d'autres univers que, bien que la Conscience humaine ait pu s'enliser jusqu'à oublier à un certain point l'origine divine, vous êtes à transmuter tout cela. Vous êtes à spiritualiser votre matière. N'est-ce point merveilleux ?

Il est important que vous vous reconnaissiez dans vos Forces, bien-aimé. Cela est primordial, car longtemps à travers le corps de souffrances vous avez cru qu'il était nécessaire de retourner constamment et constamment à la blessure. Reconnaissez que ces blessures sont le fruit de l'ego et du mental limité : le mental inférieur associé à la personnalité. Les Êtres qui choisissent de vivre dans la cinquième dimension sont libérés des attaches de la personnalité et des dépendances qui créent obstruction à la reconnaissance de votre Lumière. Voilà pourquoi il est si primordial de vous positionner régulièrement, chaque jour et plusieurs fois par jour même, dans votre Présence christique, le « soi » christique qui est le lien avec votre Monade.

Le « soi » christique est votre aspect divin individualisé. Dans ce processus de reconnaissance du Divin en vous, vous réalisez de plus en plus que vous êtes unifié à « Tout Ce Qui Est ». Votre individualité, votre âme est le véhicule par lequel vous avez choisi de vous réaliser dans l'incarnation en tant que semence d'étoiles dans la réunification à votre Monade. « Ehyeh Asher Ehyeh. Ehyeh Asher Ehyeh, Je Suis Tout Ce Qui Est. » Affirmez cela plusieurs fois par jour, permettez à vos cellules de reconnaître à nouveau ce que vous êtes, permettez à vos cellules d'être illuminées par la Conscience de l'Esprit Saint en vous !

Quelles sont ces qualités manifestées dans la cinquième dimension, bien-aimé ? Nous avons déjà transmis certaines de ces qualités. Cependant, pour cette rencontre, nous allons entrer dans plus de spécificités. Ces qualités sont avant tout des qualités d'Être, nous le répétons, et l'Être que vous êtes se détache des véhicules empruntés par l'ego et la personnalité, soit l'identification à l'avoir, au faire et au paraître. Tant que vous véhiculez ces illusions comme étant vos buts à atteindre, l'avoir, le paraître et le faire, vous vous maintenez dans le monde de la personnalité.

L'Être est cet état vibratoire où, constamment, vous êtes conscient du Divin en vous et autour de vous, dans vos relations et dans les situations qui se présentent. Dans cet état d'Être, vous vivez la transparence. La Vérité divine symbolisée par mon Épée et votre Épée (si vous vous reconnaissez en tant que guerrier de Lumière) est maintenant activée sur votre terre et il n'y a plus de possibilité de cacher certains aspects de vous lorsque vous choisissez d'ascensionner. La qualité de la transparence vous amène constamment à retourner à l'intérieur, en contact avec votre vérité.

En choisissant la Conscience supérieure, vous dirigez la Lumière sur des aspects plus lourds afin de les amener par Amour et Compassion dans une énergie recalibrée, transmutée dans une intimité avec vous-même. Cette intimité établit un lien d'Amour, de Compassion, d'Harmonie, de Respect avec vous-même et, cet état d'Être, vous l'avez compris, rayonne autour de vous.

## Les relations à privilégier

La première relation à privilégier est celle avec vous-même, dans toutes les facettes de l'Être. La deuxième relation à privilégier est celle avec Dieu, dans le mandat que votre âme vous demande d'accomplir. Et la troisième relation est celle avec les autres. D'autre part, lorsque vous êtes véritablement en relation avec vous-même dans l'intimité de votre cœur et de votre Conscience, vous êtes en relation avec Dieu et vous êtes ouvert parallèlement à la relation aux autres. Si vous oubliez cette relation avec vous-même, vous retombez dans l'ancien schéma de comportement de recherche à l'extérieur, ce qui peut vous remplir, vous nourrir, répondre à certains besoins, et vous distorsionnez, dès lors, votre monde relationnel.

Simplicité, humilité, gratitude et Joie sont des caractéristiques de la cinquième dimension, car lorsque vous êtes ce que vous êtes, je dis bien, lorsque vous êtes ce que vous êtes, Ehyeh Asher Ehyeh *(le groupe répète ceci : « Ehyeh Asher Ehyeh »)*, vous expérimentez la Joie de l'âme.

Voilà ce dont a besoin Gaïa actuellement : des Êtres qui osent la Joie, des Êtres qui osent apparaître dans leur Vérité divine et non point seulement dans leur personnalité.

Certes, la personnalité est encore utile tant que vous vivez l'incarnation. Il est important de comprendre ici que la personnalité devient au service de la Conscience seulement lorsque vous endossez le choix, appelé la « quatrième initiation » dans votre processus « incarnationnel » dans la matière. Dès lors, il y a transformation parce que vous avez choisi de vous référer, avant tout, à votre Conscience christique, à votre « soi » christique qui guide vos journées, vos pensées, vos paroles, vos actions et, par conséquent, vos relations et votre monde.

Gratitude, bien-aimé !

Lorsque vous vibrez dans l'Être divin, vous expérimentez la gratitude pour «Tout Ce Qui Est». L'ego et la personnalité sont associés, codés dans ces croyances du manque, de l'absence, du vide, de la solitude, de la peur et du doute. Ainsi, chaque fois que vous expérimentez l'une de ces émotions, constatez, bien-aimé, qu'il s'agit là d'un chemin qui vous est offert afin de reconnaître la souffrance encore présente dans certaines parties de votre être ; la reconnaître afin d'y apporter la Vision divine, la vérité de votre Être et l'Amour inconditionnel que l'être ascensionné expérimente.

Souvent, les êtres qui choisissent de vivre dans les dimensions plus élevées gardent tout de même cette croyance qu'ils doivent être constamment dans un état de réceptivité et de ressenti d'Amour. Dans les dimensions supérieures, là où nous sommes, cela est ainsi.

Dans la sixième dimension, cela se vit. Cependant, vous êtes à cette étape, nous le répétons, où vous chevauchez diverses dimensions et il est important d'accueillir avec Amour les manifestations plus lourdes de l'incarnation. Certains travailleurs de Lumière ont tendance à occulter cela en maintenant l'illusion qu'ils sont au-dessus de ces manifestations. Il est important d'apporter ici la transparence, la vérité afin de vous accueillir dans ces aspects avec Amour et Compassion. Par cela, vous transmutez, vous vous libérez.

Voilà que l'Amour est la clé. Vous le savez !

Ainsi, poursuivez l'expérimentation de la cinquième dimension à travers les sous-plans. Il s'agit d'une danse, bien-aimé, une danse d'accueil de « Tout Ce Qui Est ». Dans la cinquième dimension, toutes les relations sont reconnues comme étant divines.

## Un état d'Être qui englobe tout

La qualité d'Amour inconditionnel reconnaît « Tout Ce Qui Est Divin ». Vous manifestez alors les qualités inhérentes à l'Amour inconditionnel : respect de vous-même et des autres, respect de la vérité en chacun au travers des différences culturelles, religieuses et autres, harmonie entre les êtres, entre les peuples, tolérance, choix constant de revenir à la Paix plutôt que de tenter d'avoir raison. Par cela, vous délaissez ces codes de comparaison, de performance, de division, de catégorisation.

Dans la cinquième dimension existe un état d'Être qui englobe et qui inclut tout. Comment arriver à cela, nous direz-vous ? En choisissant quotidiennement, nous le répétons, de vous réaligner, de réaligner tous les aspects sur le « soi » christique, sur la Présence « Je Suis », sur la personnalité, sur l'enfant intérieur.

## L'enfant blessé vous rappelle à la relation avec vous-même !

Constatez, bien-aimé, que la personnalité est nourrie avant tout des meurtrissures de l'enfant blessé. Tout le processus de guérison et de transmutation est bien celui de reconnaître la voix de l'enfant intérieur qui, dans ses blessures, vous rappelle à la relation avec vous-même, la relation d'accueil, la relation de guérison et de transmutation.

Il est ici primordial de ramener l'importance de la réconciliation à l'intérieur de vous du principe féminin et du principe masculin. Percevez que dans votre parcours d'incarnations, vous avez nourri, peut-être même fort nourri, l'illusion que vous allez être complété par un partenaire à l'extérieur de vous dans une relation dite privilégiée ou amoureuse. Cela n'est point ! La relation privilégiée entre le Féminin et le Masculin demande à être expérimentée à l'intérieur de vous.

Et l'enfant blessé, encore là, est un lien fort pertinent vous permettant de percevoir que vous projetez chez vos partenaires de vie, vos partenaires amoureux, amicaux, familiaux et même de travail, des besoins, des attentes qui sont clairement le reflet de l'enfant qui n'a point été entendu et reconnu. Vous nous suivez en cela ? *(« Oui, très bien. »)*

Et vous rêvez de ce partenaire qui, dans un Amour inconditionnel, vous aimera, vous accueillera, vous comprendra *(rire de Michaël)*. Nous sourions, car nous savons que plusieurs humains se reconnaissent actuellement.

La relation dite amoureuse ou privilégiée est une voie royale pour vous rencontrer, vous reconnaître et reconnaître une voie spirituelle, certes. Cependant, vous magnétisez le partenaire qui vous convient, qui convient à l'état actuel de votre Conscience incarnée.

Tant que vous êtes identifié, par exemple, à votre véhicule, à votre corps physique, vous développez des critères de même que des attentes qui magnétisent des Êtres qui vont répondre à cet état de choses justement pour vous amener à reconnaître que cela est limité, limitatif et qu'il y a déceptions et frustrations lorsque vous établissez un lien venant de ce code de troisième dimension. Il en est de même en ce qui concerne l'identification à votre corps émotionnel.

Tant que vous vibrez, que vous nourrissez les émotions à l'intérieur de vous, vous attirez, là aussi, des êtres qui refléteront cela dans vos vies et qui vous permettront de vivre certainement le drame émotionnel. Cela n'a point de fin jusqu'à ce que vous réalisiez que cela est limité aux énergies des première, deuxième et troisième dimensions ainsi qu'au karma.

Il en est de même sur le plan des croyances. Certains êtres vont s'identifier à leur mental, nous entendons ici un monde rationnel, intellectuel et culturel ; non pas qu'il est à bannir, mais lorsqu'il y a priorité de ces parties, vous magnétisez encore autour de vous des êtres qui sont le reflet de cette priorité jusqu'à ce que vous réalisiez que cela est aussi limitatif et non point satisfaisant. C'est alors que vous accédez au monde relationnel nourri par l'Être, par le « soi » christique en lien avec l'âme et non point en lien avec le petit « moi ». Vous accédez au monde de l'âme accompagnée par des Êtres qui ont choisi aussi de s'accomplir dans l'incarnation. C'est alors que votre mode relationnel s'appuie sur un soutien mutuel, un partage dans la Conscience, dans la Présence et dans l'Amour. Vos critères pour magnétiser la relation amoureuse ou les relations autour de vous sont des critères qui s'appuient avant tout sur un engagement par rapport au Divin, à votre âme et au mandat d'âme.

Déjà, dans la quatrième dimension caractérisée par le choix d'aimer, vous attirez ces Êtres. Cependant, dans la cinquième dimension, vous attirez à vous des Êtres qui reconnaissent un mandat similaire, puisque le temps est venu des retrouvailles d'âmes pour soutenir le processus ascensionnel, le vôtre et celui de Gaïa. Ainsi, vous êtes en contact avec des Êtres vibratoires.

Il est possible que la personnalité tente encore de vous faire croire qu'un partenaire qui se présente à vous ne correspond point à vos critères dans le monde de la « physicalité » ; nous vous rappelons simplement ici que la résonance entre les âmes est une attraction, une magnétisation qui vous permettra de mettre de côté certains critères qu'auparavant vous auriez évalués comme étant de première importance, qu'il s'agisse du physique, du mental, des croyances, des ambitions, de la philosophie de vie, de la culture, et ainsi de suite.

La communication est celle des âmes. Vous privilégiez alors des périodes de silence, car les paroles sont souvent limitatives en Présence de l'Être, des périodes de méditation seul, à deux ou en groupe et des périodes d'échanges réelles dans la vérité, dans vos vérités d'accomplissement sur le chemin évolutif. Dans ces partages, vous avez la possibilité de vous transmettre des outils, des rappels, des échanges de fréquences élevées.

À ces niveaux, bien-aimé, il est possible de vivre la relation sexuelle, mais la relation sexuelle sacrée, car dans l'Être qui s'épanouit et vibre, vous entrez constamment dans la reconnaissance du Sacré en tout et partout. Vous délaissez les conditionnements reliés au plan sexuel, à l'acte sexuel pour entrer dans un espace de commune union ; une communion qui peut certes inclure l'acte sexuel dans un état d'Être divin. Il y a alors un échange énergétique fort riche d'enseignements nourris par la Conscience.

L'énergie sexuelle qui prend racine dans le chakra du hara monte alors pour illuminer chacun des chakras et atteindre le chakra coronal dans une Conscience unifiée de vos Êtres en « Tout Ce Qui Est ». « Ehyeh Asher Ehyeh. » *(« Ehyeh Asher Ehyeh. »)*

## Le sourire et l'Amour

Cependant, bien-aimé, il est aussi important de prendre Conscience que toutes vos relations, dans la cinquième dimension, sont basées et axées sur l'Amour et nourries par lui. Ainsi, vos relations de travail, vos relations familiales, vos relations entre compagnons sont nourries par la compassion, l'harmonie, le respect et un choix constant, vraiment constant de développer un lien, un pont, une alliance envers l'autre, avec l'autre et avec tous les peuples, par conséquent. Dans votre quotidien, vous êtes appelé par un élan à donner de vous. Parfois, il s'agit simplement d'un sourire ; le sourire est fort demandé sur votre planète, bien-aimé *(rire de Michaël)*, et tout particulièrement dans ces lieux où d'après l'ancien code vous aviez établi qu'il n'était point bien de sourire à des étrangers.

Il est possible qu'en ensemençant le sourire, même le rire, dans ces lieux que vous appelez « ascenseurs » dans certains édifices, vous faisiez face au début à quelques résistances venant d'un questionnement. Nous pouvons vous assurer que cette semence grandira dans le cœur des Êtres à qui vous aurez souri, comme une empreinte que vous laissez et que vous offrez.

La créativité divine vous amènera à trouver de nouvelles formes pour créer la Joie et pour l'ensemencer autour de vous. Cette grande Joie vient de votre âme qui est l'Être divin en vous. Tout geste d'affection, une parole du cœur, un sourire ou une invitation à rire et à jouer sont bienvenus, car dans la cinquième dimension, l'enfant intérieur libre de ses blessures cherche des partenaires de jeu pour ensemencer encore plus de Joie et de formes nouvelles sur votre terre.

*(« Qu'en est-il du temps terrestre ? » demande Michaël. Amélia, une guerrière, répond : « Le message est commencé depuis une heure dix. »)*

Ainsi, nous sommes limités *(rires du groupe)* par le temps de la troisième dimension.

## La Conscience du principe féminin et du principe masculin

Nous allons néanmoins, bien-aimé, vous amener dans la Conscience du principe féminin et du principe masculin et de leurs qualités à l'intérieur de vous afin que vous puissiez reconnaître cette réalité en vous et permettre à ces semences de fleurir pour recréer l'harmonie toujours à l'intérieur de vous, le mariage alchimique et divin.

## Principe féminin sacré

Il est primordial que soit à nouveau respecté et honoré le principe féminin en vous. Ce respect apportera un nouvel équilibre sur votre planète et cela ne peut s'accomplir tant et aussi longtemps que le Féminin n'est point reconnu à l'intérieur des Êtres, que vous soyez du genre féminin ou masculin.

Dans son archétype divin, le principe féminin vibre dans les qualités d'intériorité, d'accueil, de retour à soi, de Présence, de Conscience dans l'auto-observation, d'Amour, de Compassion et de Douceur. Cette dernière est manifestée par la parole juste nourrie par la pensée juste.

Le principe féminin porte aussi cette qualité d'inclusion, dans le sens d'inclure « Tout Ce Qui Est » et de reconnaître en chaque frère et sœur d'une grande famille, la famille divine incarnée dans son humanité. Le Féminin porte l'intuition divine, la vision. Voilà pourquoi il est important de nourrir actuellement la matrice du Divin afin qu'inspiré par la Conscience et votre « soi » christique, le Féminin puisse transmettre au Masculin cette vision de Sagesse et d'Amour qui sont les deux pôles de la nouvelle race sur votre terre. Il s'agit de la race des Kumaras, la race de la supraconscience portée par l'Amour. Toutes les qualités reliées à l'accueil et à la réceptivité sont d'ordre féminin.

Reconnaissez et honorez cette réalité en vous et appelez cet outil multidimensionnel qu'est l'octaèdre englobant le Temple sacré de votre cœur. Respirez profondément et entrez dans la vibration de l'octaèdre constitué de deux pyramides appuyées l'une sur l'autre par la base du carré et voyez qu'instantanément, dans votre cœur, s'active la triple

Flamme christique, celle qui porte la vision, la Sagesse, l'Amour et la manifestation.

### Principe masculin sacré

Ouvrez votre cœur pour accueillir maintenant le principe masculin divin dans son archétype originel. Le Masculin porte en lui la Force, l'élan créateur, la persévérance, la capacité de mettre en mouvement l'inspiration féminine, la magnificence de la manifestation dans la matière, le pouvoir de cocréer, dans la Volonté de Dieu, Père-Mère, en vous.

Respirez profondément et, dans la résonance fréquentielle de l'octaèdre, accueillez et honorez le principe masculin sacré en vous !

### Flamme jumelle

Bien-aimé, la Flamme jumelle ne peut être manifestée dans votre réalité qu'après avoir été « conscientisée » et incarnée à l'intérieur de vous.

Allez chercher maintenant une Flamme de réconciliation et d'harmonisation des deux principes complémentaires en vous !

Pour ancrer cette manifestation, bien-aimé, laissez résonner le mantra suivant : « Ehyeh Ashar Ehyeh. » *(« Ehyeh Asher Ehyeh. Ehyeh Asher Ehyeh. Ehyeh Asher Ehyeh. »)*

Et dans l'Unité, laissez vibrer l'« OM » : « OM… OM… OM… »

Dans cette dimension lumineuse de l'Être, soyez ! Accueillez notre bénédiction imprégnée du rayon Bleu parsemé d'Or, bénédiction que nous, Dame Foi et moi, Michaël, vous transmettons *(Souffle créateur, bref et puissant)*. Que cette semence divine adombre tous vos corps et vos racines afin que Gaïa puisse aussi accueillir cette offrande de nos cœurs unifiés.

Par le saint nom de Dieu, Adonaï Tsebayot ! *(« Adonaï Tsebayot ! »)*

Et il en est ainsi.

Salutations, frère ou sœur de la terre. Namaste. Nous saluons le Divin en vous.

Om Jai Jai Maa.

Honorez à nouveau la planète par les principes féminin et masculin réconciliés en vous.

À bientôt. À toujours.

## *La réunification des Flammes jumelles*

Bien-aimé,

À mes côtés se tient Dame Foi. Son essence, en tant que principe féminin, se présente à vous actuellement. Ouvrez votre cœur et accueillez son Amour, sa Joie et la mienne afin de participer au Plan divin. Reconnaissez aussi, dans votre cœur, le lien que vous avez avec votre Mère divine, la Terre. Elle symbolise la nourricière, la déesse, celle qui porte en elle tous les attributs divins et toutes les qualités manifestées dans la matière. En cela, elle est pour vous un miroir, un reflet de ce que vous êtes en tant qu'Être divin incarné.

### Rituel de la restauration du Plan divin

Respirez profondément. Dans le Temple de votre cœur sacré, prenez de l'expansion et permettez à l'Être que vous êtes de se déployer dans la vibration Or de la triple Flamme christique. La respiration est le lien même qui permet de relier votre essence à la pureté de votre cœur, dans la pureté de votre énergie essentielle, originelle.

Appelez les onze extensions de votre âme qui, avec l'âme qui habite votre véhicule, constituent une globalité, un tout. De ce fait, vous pouvez reconnaître que vous êtes constitué de plusieurs parties, de plusieurs fragments et aussi savoir que vous n'êtes pas seul. Ainsi, réalisez que votre individualité, dans sa volonté personnelle, n'a plus sa place quand vous décrétez que vous êtes, avant tout, au service de la Volonté de Dieu, au service du plus grand.

Respirez dans l'expansion de l'Être qui reconnaît ces vérités à l'intérieur de lui. Vous êtes rendu, bien-aimé, guerrier de Lumière, à l'étape de la transparence. Vous êtes à vivre de nombreuses déstructurations, qu'elles soient personnelles, collectives ou planétaires. Vous entrez de plus en plus profondément à l'intérieur de vous afin de percevoir, d'entendre, de recevoir et de joindre la vérité dans la transparence de votre âme, dans la transparence de votre Être, de votre « moi » christique ou du « Je Suis Tout Ce Qui Est ».

Respirez profondément et permettez à nos paroles d'éveiller la vérité qui vous habite et la reconnaissance de ce que vous êtes. Demandez la fluidité des corps mental et émotionnel afin que ces aspects puissent se réunifier dans votre cœur, comme une semence de la Conscience christique.

Vous le constatez, bien-aimé, nos rencontres se font à un niveau vibratoire de plus en plus élevé. Il en est ainsi, car le temps est venu d'apaiser le mental et d'accueillir, dans le cœur même de l'Être, les vibrations que nous portons dans l'Unité avec vous.

Le silence est bienvenu afin de préparer votre âme et toutes les facettes de votre Être à revenir à l'intérieur, à retourner à la maison. Ainsi, dans cette ouverture du cœur, vous nous reconnaissez, vous nous accueillez, tout comme nous vous reconnaissons comme partie intégrante de l'un. Quelle divine reconnexion !

Maintenant, à partir de vos racines, recréez le lien avec Gaïa, joignez son énergie et offrez-lui cette rencontre afin de la bénir et de lui offrir votre Amour et votre service. Nous projetons sur vous nos vibrations en vous invitant à accueillir notre Amour qui est guérison, transmutation et révérence !

Vous vivez encore les énergies de la dualité, celle des guerres et des différents mouvements de séparation. Pour transmuter ces manifestations, affirmez, bien-aimé, avec Puissance et Force, votre reconnaissance et votre Amour pour la terre, dans la foi absolue de votre vérité intérieure, celle-là même qui porte les semences de la victoire.

Respirez profondément. Permettez à vos racines terrestres et divines de parcourir le chemin intérieur de Gaïa et de se relier à l'énergie magnifique des guerriers intraterrestres, des devas, des élémentaux, des Êtres de Lumière, des maîtres ascensionnés qui œuvrent sans relâche avec nous tous.

Reconnaissez-vous en eux, joignez-vous à Gaïa et laissez l'Amour grandir, et rayonnez et faites parvenir la Lumière de vos racines jusqu'à votre cœur. Le choix est de vous unifier à travers ce grand Bouclier d'Amour à tous les Êtres qui, comme vous, portent cette œuvre magnifique de la restauration du Plan divin.

**Communiquez avec votre Être supérieur et invitez votre Flamme jumelle dans l'octaèdre**

Entrez dans la Conscience de l'octaèdre et prenez position en plein centre de cette structure géométrique sacrée. Devenez le pivot central de cette forme. Cet octaèdre cocréé avec nous, dans la neuvième dimension, est un outil sacré qui permet d'entrer en résonance avec les hautes vibrations de votre Être supérieur. Nous vous soutenons par les Présences lumineuses que nous sommes.

Respirez profondément en restant en contact avec les Présences. Nous n'allons point ici les énumérer, mais ouvrez simplement votre Conscience et votre Cœur afin de les percevoir et entamez la vibration du « OM » afin d'unifier encore une fois toutes ces fréquences dans votre cœur. (*Puis, le groupe entonne en chœur un « om » des plus vibratoires et de façon continue, embaumant la pièce de magie.)*

Répétez encore une fois, une octave au-dessus, et voyez que vous montez avec cette vibration : « OM… OM... OM... »

Percevez, bien-aimé, que par ces sons, votre octaèdre est devenu une grande structure englobant tous les Êtres de cette assemblée. Plusieurs maîtres, archanges et anges sont présents avec vous dans ce haut lieu de création.

Nous vous invitons à vous positionner quotidiennement dans l'octaèdre et, ce faisant, vous ensemencerez de nouvelles formes à partir de votre Conscience supérieure qui est reliée à votre Présence « Je Suis ». L'octaèdre amplifie ces formes-pensées divines. Dans cette phase du retour à la transparence, vous revendiquez et vous retrouvez le potentiel divin, la perfection de Dieu, à l'intérieur de vous, bien-aimé. Rien de moins !

Laissez résonner ces paroles dans votre Cœur et dans votre Conscience unifiés. Nous propulsons constamment l'Énergie christique en utilisant divers codes, divers rayons, diverses fréquences afin que vous vous reconnaissiez.

Dans l'ouverture, bien-aimé, invitez maintenant votre Flamme jumelle. Certes, vous reconnaîtrez cette vibration dans votre cœur.

Nous pouvons percevoir actuellement, dans votre groupe, plusieurs étincelles de Lumière que sont vos Flammes jumelles, heureuses d'être ainsi rappelées et reconnues. Le temps est venu de prendre Conscience aussi de leur Présence.

Concernant cette réalité des Flammes jumelles, vous êtes actuellement à l'appréhender dans votre Conscience et dans votre cœur afin d'accéder, bien-aimé, à l'Unité. Il y a eu distorsion sur votre terre en ce qui concerne la compréhension de cette notion de la Flamme jumelle. En fait, cela n'est point qu'un concept. Il s'agit de l'énergie originelle de votre Être !

Nous vous invitons à accueillir nos paroles de clarification, sans la participation du mental, car certains de ces enseignements ne peuvent être perçus et compris par le mental. Entrez en résonance avec votre Sagesse, qui agit à un niveau vibratoire plus élevé afin que vous accédiez à l'expansion de votre Être. C'est ainsi que vous allez intégrer cet enseignement.

Vos antennes cosmiques sont positionnées à la verticale dans les très hauts Plans de Lumière, là où est votre Source d'information : Sagesse, Vérité, Lumière. Gardez constamment la Conscience de votre enracinement afin d'être le pont dans l'Antahkarana multidimensionnel.

## L'âme est appelée à se reconstituer dans l'Unité du Féminin et du Masculin

À l'origine, bien-aimé, depuis le corps causal de Dieu, il y eut la création des mondes et, de là, des âmes. Et, douze âmes constituent une Monade. Ces âmes se sont multipliées, parce que vous êtes aussi cocréateur. Il y eut donc création de douze autres âmes, ou d'une Monade, chacune complète en elle-même et possédant « Tout Ce Qui Est ». Ce tout est l'expression même de la Divinité et, bien sûr, des principes féminin et masculin dans l'Unité. Le Dieu créateur que vous étiez alors a poursuivi sa création. Ainsi, de nombreuses autres Monades sont apparues afin d'expérimenter dans de multiples univers, de multiples galaxies, de multiples terrains de jeu appelés « planètes ». Nous simplifions ici à l'extrême, bien-aimé, le but étant de vous donner une vision d'ensemble de cette réalité.

Percevez qu'à l'origine vous étiez complet en vous-même : sans séparation, sans la Conscience de division, sans Conscience de polarités différentes. Vous étiez unifié, complet et vous aviez la possibilité de poursuivre les créations. Vous étiez Dieu ! Vous étiez une manifestation de Dieu dans la certitude et la foi absolue de votre Être divin, alpha et oméga.

Le Divin, en vous, a choisi d'expérimenter dans de nouveaux mondes, dans des dimensions plus denses. Et dans cette descente vibratoire, lorsque vous avez atteint la septième dimension, vous avez choisi de vous séparer en polarités féminine et masculine afin de poursuivre votre expérimentation dans l'énergie de la complémentarité pour jouer avec ces polarités, au travers des expériences. Certes, vous avez bien joué. Vous avez joué au point d'oublier que vous êtes un Dieu créateur et que vous êtes complet en vous-même. Aujourd'hui, le temps est venu de retrouver ce complément à l'intérieur même de votre Être.

Dans l'incarnation, vous en êtes venu à croire que la complémentarité viendrait de l'extérieur. Alors s'est installée chez vous la forte illusion que l'Amour absolu et divin était à l'extérieur de vous, de votre Être, ce que vous avez projeté dans vos relations avec les autres.

Dans la quête de l'« âme sœur », vous avez vécu et exprimé une distorsion, une incompréhension et un oubli de vos origines. Vous avez créé un voile qui a obscurci votre Conscience. C'est ainsi que dans vos différentes incarnations, vécues en niant le Divin en vous, vous avez créé le karma.

Le karma, bien-aimé, est tout simplement l'oubli de votre Divinité.

Vous vous êtes identifié beaucoup plus à ce qui vous semblait manquant, à ce qui était défectueux, souffrant. Petit à petit, votre réalité est devenue ce corps de souffrance que vous ramenez d'une existence à l'autre. Sachez que tout cela peut se poursuivre encore pendant très longtemps.

Guerrier bien-aimé, grâce au service que vous accomplissez pour l'humanité, vous êtes à retrouver au-delà des illusions et des voiles créés par l'ego, la Lumière de la vérité en vous. La cellule complète, en elle-même, que constituait l'âme à l'origine, est appelée maintenant à se reconstituer. Retrouvez la Conscience de la Présence de votre Flamme jumelle. Cette Flamme existe depuis le début.

## Vous êtes divin et complet en vous-même

Nous allons maintenant vous apporter certaines précisions concernant l'importance d'ouvrir de nouveau votre Conscience afin de rappeler cette part de vous dans votre réalité.

Dans l'expérimentation, vous avez choisi de vivre différentes incarnations en tant que genre féminin ou masculin. Ces incarnations vous ont permis d'acquérir une plus grande compréhension de la complémentarité.

La Flamme jumelle a poursuivi elle aussi ses expérimentations, tout comme vous. Toutes deux, vous avez créé à la fois des illusions, des fermetures et des distorsions dans votre quête. Vous nous suivez ? *(« Oui. »)*

Le moment est venu de rappeler la fréquence vibratoire de la Flamme jumelle originelle, celle qui vibre encore dans la semence de pureté divine afin de recréer l'Unité.

Toutefois, voyez que la réunification à la Flamme jumelle ne peut se faire que lorsque vous aurez reconnu avant tout que vous êtes divin et complet en vous-même. Il y aura alors possibilité pour les deux Flammes de fusionner.

## La complétion de votre Être

Nous vous invitons à cesser de chercher à l'extérieur de vous cette Flamme jumelle et à reconnaître qu'il y a une différence entre la vibration d'une Flamme jumelle et celle d'une âme sœur. Cependant, vous projetez la même distorsion dans les deux cas. Il est important, avant tout, bien-aimé, de percevoir que vous êtes complet en vous-même. Si vous ressentez encore une forme de manque à l'intérieur de vous, cela signifie simplement qu'il y a encore un travail à faire pour vous relier de nouveau à votre « soi » christique.

À plusieurs reprises, nous avons transmis l'importance de vous relier quotidiennement à votre « soi » christique afin de vous amener au-delà du petit « soi » qui se croit divisé, abandonné et séparé. Ce dernier est nourri par la personnalité, le mental inférieur et l'ego. Il n'a plus de place dans les énergies de la cinquième dimension à laquelle vous accédez maintenant, bien-aimé. Cependant, il s'agit de vous repositionner, de vous réajuster constamment dans cet alignement vertical sur votre « soi » christique qui (nourri par votre Monade où vibrent les douze âmes) fera la Lumière sur votre réalité terrestre !

**Voilà ce que signifie *spiritualiser votre matière* dans l'Unité !**

Ainsi, votre Flamme jumelle évolue elle aussi dans d'autres Plans. La majorité des Flammes jumelles d'origine ne sont pas incarnées avec vous sur la terre. La plupart d'entre elles expérimentent ailleurs, dans d'autres Plans ou dimensions. Elles sont cependant continuellement reliées à vous par le « soi » christique. Sachez que chacun des apprentissages que vous vivez sur la terre a un impact sur votre Flamme jumelle, et vice versa.

## Entrez en contact avec votre Flamme jumelle

Vous évoluez, maintenant, dans la fréquence de l'Unité. Voilà pourquoi il est si important de reconnaître, à cette étape de votre cheminement, la Présence de votre Flamme pour entrer en contact et en communication avec elle. Constatez aussi que chaque fois que vous éprouvez une descente vibratoire, cela a un impact sur votre Flamme jumelle.

Il est aussi possible que cette Flamme soit dans une phase initiatique plus avancée que la vôtre et, étant donné que sur le plan vibratoire elle est liée à vous, soit vous la soutenez dans son évolution, soit vous la ramenez dans un niveau inférieur. Il en est de même pour elle par rapport à vous.

Sans que vous puissiez expliquer cela d'après vos critères habituels, il est possible que vous ayez soudainement l'impression d'une grande tristesse, d'une colère ou d'une lourdeur. Reconnaissez-vous cela? *(« Oui, cela nous arrive. »)*

Cela vient, possiblement, de la résonance de votre Flamme jumelle qui est à vivre une étape initiatique, car vous vivez ces étapes, où que vous soyez, afin d'atteindre l'Unité, la réunification du Divin en vous. Nous vous invitons alors à entrer en communication avec votre Flamme jumelle pour lui offrir un soutien aimant, en vous abreuvant vous-même à votre « soi » christique qui par votre intention l'enveloppera.

C'est ainsi que s'installera une collaboration dans les Plans de Conscience afin de mener les deux Flammes vers leur réunification.

## Retour à l'« immaculé » de votre Être

Nous avons déjà transmis l'importance de reconnaître vos onze extensions d'âme. Le temps est venu pour vous de reconnaître aussi votre Flamme jumelle dans une compréhension profonde de l'aspect complémentaire de vous-même qui vibre et qui poursuit aussi sa quête vers la réunification.

Il est capital d'intégrer cette réalité de la réunification, bien-aimé, car la guérison du principe féminin et du principe masculin sacrés appelle la reconnaissance de la Flamme originelle imprégnée de la pureté absolue du Divin, de l'Immaculée Conception de votre Être. Le temps est venu de revendiquer le retour à l'immaculé de votre Être.

## L'Amour est la Conscience du Divin qui nous habite

Dans la Conscience de votre Être immaculé, vous développez votre capacité d'entrer en relation au-delà de la matérialité, au-delà des limitations de votre matière avec un côté totalement aimant de vous-même. La Flamme jumelle est encore imprégnée de cette semence d'Amour absolu tout comme vous l'êtes dans votre Être divin. Chacun aspire à recréer l'alpha et l'oméga. Vous l'avez compris. Cela ne peut se créer à nouveau que par l'Amour.

L'Amour est la Conscience du Divin qui nous habite, l'Amour est la révérence au Dieu intérieur et extérieur, puisque le Divin est partout.

« Ehyeh Asher Ehyeh. Je suis tout cela. Je Suis Tout Ce Qui Est ! » *(Cette évocation est dite dans un « ressenti » profond, d'une voix toute douce et tout Amour.)* Laissez-vous imprégner, bien-aimé, de la réalité de cet énoncé.

Voilà que s'est exprimé ainsi le Dieu créateur à son intermédiaire, Moïse, lorsque celui-ci a demandé : « Qui es-tu ? » Dieu a répondu : « Je Suis. »

## Âmes sœurs, des miroirs

Qu'en est-il, bien-aimé, de ces liens avec vos âmes sœurs ? Vous reconnaissez déjà, dans ce lien de famille, en tant que guerrier de Lumière, plusieurs âmes sœurs.

Certes, il s'agit de liens relationnels que vous expérimentez afin de vous reconnaître de plus en plus, car les âmes sœurs sont des miroirs de plusieurs parties de votre personnalité. Quand ces miroirs sont positifs, vous vous reconnaissez avec aisance et gratitude. Pour d'autres éléments du miroir plus déstabilisants, vous avez tendance à vouloir vous éloigner de ces âmes sœurs ou à les blâmer. Précisément, vos relations sont des relations de reconnaissance et d'apprentissage.

N'est-ce point merveilleux que les humains aient ainsi une foule de possibilités de se reconnaître et de s'aimer les uns à travers les autres ?

Certaines âmes sœurs peuvent être une extension de votre âme qui a choisi de s'incarner, tout comme vous l'avez fait précisément sur cette planète, en ce moment cosmique précis de votre parcours. Certaines sont associées à d'autres âmes de votre Monade ; vous vous rencontrez souvent pour purifier des aspects de votre Être et pour prendre de l'expansion ensemble.

Alors, vos Flammes jumelles portent, tout comme vous, un mandat divin d'origine qui est celui du retour à l'Unité.

Vous êtes de toutes les manières mandaté pour grandir, vous reconnaître, intégrer de plus en plus des parts de vous dans la Lumière, dans l'Amour, et poursuivre le chemin dans cette énergie qui vous amène à reconnaître que vous faites partie intégrante de « Tout Ce Qui Est ».

## Le petit « moi » n'a plus sa place

Voyez, encore une fois, à quel point le petit « moi » n'a plus sa place. Il est désuet. Associé à l'ego, il tente constamment de vous ramener dans une illusion de confort et d'inertie, illusion qui vous confine dans les énergies de troisième dimension qui n'ont plus lieu d'être.

Actuellement, vous créez la transmutation nécessaire des énergies illusoires et lourdes associées au corps de souffrance collectif. Vous êtes en train d'alléger et d'apporter un mouvement de fluidité sur les corps de votre planète et dans la Conscience collective de l'humanité.

Chaque fois que vous travaillez pour l'ensemble de la race humaine, vous travaillez pour vous-même. Vous empruntez alors la grande porte, celle de l'oubli de vous, au service du plus grand bien de tous ! Voilà le mandat de mes guerriers de Lumière.

Utilisez votre Épée de vérité et de Lumière afin de dissoudre les illusions, la « maya » créée par l'ego, qui vous maintiennent encore dans cette recherche du Divin à l'extérieur de vous à travers la quête de l'âme sœur, à travers la quête de la Flamme jumelle, et à travers le fait de donner votre pouvoir à quoi que ce soit à l'extérieur de vous.

## L'Amour romantique

Nous vous avons transmis un certain nombre d'enseignements concernant les relations humaines. Sachez que l'Amour divin n'a rien d'associé à la romance comme vous la percevez. L'Amour romantique, comme il est nourri par vos médias, est une illusion porteuse de séparation et de division.

Nous vous invitons, bien-aimé, à accueillir cet aspect de vous qui cherche encore l'Amour romantique et à examiner tous les aspects de cette situation. Il s'agit parfois d'empreintes profondes de l'enfant blessé qui a été déçu par ses parents. Comme aucun parent n'est parfait, il s'agit de la recherche d'une figure de l'Amour romantique, d'un Amour terrestre idéalisé.

Cet Amour se perpétue à l'adolescence et à l'âge adulte dans la recherche du partenaire idéal, celui qui répondra à vos besoins, bien souvent infantiles.

Ce genre d'Amour existe uniquement pour vous permettre, dans ces relations, de dissoudre vos illusions.

Plusieurs humains entretiennent encore une forme de déception ou de ressentiment quant à l'autre sexe ou à l'autre partenaire qu'ils tiennent responsable de leurs déceptions ou de leurs blessures. Il est important que vous réalisiez cette situation pour l'entourer d'Amour, et ce, en toute Conscience. C'est votre création nourrie par les illusions et vécue dans vos corps mental, émotionnel et physique.

### Créez l'Unité en transmutant l'Amour humain en Amour divin

En recréant l'Unité en vous, vous transmutez l'Amour humain en Amour divin. Et, vous avez la clé pour entrer en totalité dans cette Source d'Amour, celle du « soi » christique en lien avec la Monade et celle du corps causal de Dieu. Ce lien vous donne accès à tous les rayons nécessaires pour vous nourrir, pour vous transmuter et pour devenir complet, en vous-même.

Lorsque vous méditez, vous pouvez prendre Conscience non seulement des extensions de votre âme, mais aussi de votre Flamme jumelle. Ce faisant, vous favorisez un mouvement de fluidité qui facilite le retour à vous.

Vous vous permettez, en communiant avec votre Flamme jumelle, de vous élever. En vous élevant, vous lui permettez aussi de s'élever, de se reconnaître dans la complétude. En ayant accompli cette absolue réalisation, vous aurez la possibilité de magnétiser des Êtres autour de vous qui seront le reflet de cette complétion.

Ainsi, vous ne demanderez point que l'autre, ou votre partenaire, comble vos besoins. Vous serez Amour, vous offrirez l'Amour et vous ne quêterez plus l'Amour autour de vous. Vous serez rempli, complet, unifié, vibrant de votre Amour et de votre Lumière.

Nous allons terminer cet enseignement par un rituel. Nous croyons, tout comme vous, que les rituels sont des outils lumineux et précieux. Ils vous permettent d'intégrer, d'ancrer dans votre Conscience, dans votre matière, dans vos cellules et dans votre terre les semences de Conscience et de Lumière que nous transmettons.

## Rituel et décret, appel à la réunification à votre Flamme jumelle

Ainsi, bien-aimé, prenez de profondes respirations et, dans la Conscience de l'octaèdre, centre de cocréation, revenez en Conscience dans le Temple sacré du cœur, sur ce siège Or d'Énergie christique.

Respirez quelques instants dans la reconnaissance de cet espace sacré en vous, dans la vibration du rayon Or. Pour vous brancher, visualisez un canal de Lumière, reliez votre cœur au chakra de la Conscience et, de là, montez à l'aide de vos antennes cosmiques pour vous joindre au Divin qui est votre « soi » christique. Voyez apparaître un Être de pure

Lumière. Cet Être est votre double Divin. Cet Être est vous, bien-aimé ! Il vous invite à vous rendre dans le Temple divin de l'Unité.

Respirez profondément et voyez-vous sur ce fauteuil Or monter pour vous retrouver dans cet espace sacré du « soi » christique, et voilà qu'une porte s'ouvre.

Respirez profondément. Entrez dans ce lieu immatériel cosmique et multiuniversel et dirigez-vous vers l'autel de la réunification. Une Flamme intense est présente en plein centre de cet autel. En vous en approchant, demandez à ce que la triple Flamme de votre cœur soit réactivée, recalibrée par le Feu de l'Unité.

Respirez profondément. Il s'agit ici pour vous d'une œuvre vibratoire, bien-aimé ; la respiration est une clé importante vous permettant de garder le contact avec cette résonance, cette fréquence à laquelle vous avez accès actuellement, dans ce Temple divin. Il y a un mouvement incessant entre la triple Flamme de votre cœur qui s'alimente à la Flamme unifiée.

Apportez la vibration de l'« OM » afin d'ancrer cela dans la réalité de votre cœur sacré. Inspirez : « OM… OM... OM... »

Vous êtes invité maintenant à décréter l'appel à la réunification à votre Flamme jumelle.

Nous allons guider ce décret maintenant.

**Décret**

« Ainsi, moi [votre nom], dans ma Présence christique, je fais appel à la Présence "Je Suis" de ma Flamme jumelle pour que soit scellée, par nos cœurs divins, la Flamme de l'Unité en nous afin que nous manifestions notre mandat divin, là où nous sommes. Que par l'Énergie christique nous soyons conduits et propulsés vers notre Monade, là où s'accomplit l'Unité de «Tout Ce Qui Est!» Ehyeh Asher Ehyeh. Et il en est ainsi. »

Respirez profondément et ressentez dans votre cœur la résonance de ce décret qui s'imprègne maintenant dans votre ADN, dans chacune de vos cellules, dans votre Conscience et dans votre réalité terrestre.

Offrez cela à Gaïa et par le fait même offrez-le à vos frères et sœurs de la race humaine.

Accueillez maintenant, bien-aimé, la Lumière de mon Épée. Accueillez-la par votre chakra de la couronne et laissez vibrer cette Lumière à l'intérieur de vous, éclairant votre Antahkarana de la vérité, de la justice et de la pureté originelle de votre âme.

Par le saint nom de Dieu, Adonaï Tsebayot, cela s'accomplit en vous. Amen.

Bien-aimé frère ou sœur, vous entrez dans une nouvelle phase de votre évolution. Recourez à ce décret. Recourez à ce Temple de l'Unité afin de poursuivre l'intégration de cette vérité en vous.

Recevez la bénédiction de Dame Foi et de moi, Michaël, dans l'Unité du rayon Bleu et Blanc, imprégné d'Or.

Vous êtes béni, tout comme Gaïa, votre Mère, l'est aussi.

Om Jai Jai Maa. Namaste.

# *Mère Terre*

## Épuration de la Terre par les éléments

Salutations, chère âme, qui habite cette magnifique planète,

Comme vous le savez fort bien, la Terre vit une continuelle épuration par les mouvements climatiques et par tous les changements qui se répercutent en vous et autour de vous.

Rappelez-vous, bien-aimé, que lorsque le vent souffle, il épure, tout comme l'eau, les différents corps de votre planète. Et lorsque vous acceptez cette situation et que vous la demandez, c'est votre propre épuration qui en même temps s'accomplit. Accueillez ces mouvements climatiques avec gratitude, car ils sont présents pour votre bien et celui de Gaïa. Votre planète vit actuellement une grande évolution. Elle a entrepris son envol et son ascension.

En ces temps nouveaux, cessez de vous laisser happer par les énergies anciennes, caractérisées par vos croyances et vos pensées de peur et d'impuissance, pensées qui sur le plan collectif deviennent des égrégores. Devant les bouleversements que vous serez appelé à vivre dans les prochains mois et années, rappelez-vous que vous vous êtes déjà engagé à servir en tant que guerrier de Lumière. Sachez que ce service est, avant tout, dédié à votre âme, à son éveil et à son évolution. C'est aussi un service qui concerne tous les êtres qui vous entourent, ceux de la race humaine et ceux des règnes végétal, animal et minéral. Tout ce qui vit et existe sur votre planète représente dans l'Unité votre peuple ou votre famille.

En ce moment, plusieurs rayons supérieurs de purification agissent sur la terre. Parmi ces rayons, celui qui est Turquoise vient libérer vos cellules des énergies anciennes afin de les ajuster à votre corps de Lumière. Appelez souvent ce rayon, tout particulièrement lorsque vous vivez certaines émotions ou certaines mémoires.

Le rayon Bleu est celui de la Volonté divine. En choisissant d'endosser ce rayon, vous libérez votre ego et votre mental en permettant à votre âme d'entraîner votre personnalité à se soumettre à une Volonté qui dépasse le petit « moi ».

Lorsque vous vivez des périodes difficiles, prenez le temps de vous arrêter et d'accueillir ces moments sans jugement. En prenant un temps avant d'agir, vous retrouvez un potentiel d'énergie et une fréquence vibratoire qui vous permettent de passer à un niveau supérieur de service. Sachez aussi que, de plus en plus, ces contrats de service devront être réalisés en groupe, en collaboration avec vos familles d'âmes.

Il est bon de vous accorder des périodes de silence pour entendre les souhaits de votre âme afin qu'elle s'épanouisse et se réalise. Pour certains humains, il s'agit d'être à l'écoute des vibrations musicales qui permettent à l'âme de se détendre. Pour d'autres, il s'agit de créer un espace de silence absolu dans une période quotidienne. Pour d'autres encore, il s'agit de se relier profondément à la nature et de communier avec le vent, l'eau, la terre et le Feu. Une chose est certaine, chaque humain a besoin de périodes de méditation, à savoir d'arrêter ce mouvement incessant du mental afin d'entendre la voix de son essence, de son « Je Suis ».

Vous avez également la possibilité, bien-aimé, de joindre les vibrations des Plans supérieurs et de bénéficier de façon plus spécifique de l'aide des cités de Lumière placées tout autour de la Terre. Montez dans des colonnes de Lumière afin de recevoir, lors des périodes de méditation ou de sommeil, des enseignements, des informations, la guérison ou encore l'expansion de Conscience que votre âme appelle.

Nous vous suggérons aussi d'établir une connexion à partir du Temple sacré de votre cœur en le reliant aux cœurs des cités de Lumière. Cela vous permet de rester en contact avec les Plans supérieurs dans vos activités quotidiennes. Positionnez vos antennes cosmiques dans les cités afin de recevoir en continu cette infusion lumineuse qui amène votre personnalité, tout comme votre inconscient, à s'alléger et à transmuter.

En ces temps de transformation, ces exercices faciliteront votre ascension.

Avez-vous des questions pour rendre plus concrets ces enseignements ?

## Questions des guerriers présents lors de la canalisation

*« Je peux percevoir la grandeur de cet exercice, mais en même temps, je la refuse. Comment faire pour dépasser cela ? »*

Lorsque vous montez rejoindre les vibrations des cités de Lumière, vous faites face à ce qui vibre encore dans la densité ou dans la dualité de votre corps. Comme vous l'exprimez, certains aspects de la matière résistent encore.

Il s'agit d'accueillir tout cela avec Amour et Compassion et d'y apporter une énergie de douceur, de compréhension et d'acceptation. Cet aspect résistant demande tout simplement d'être rassuré. Il est fort possible qu'il existe, chère âme, certaines mémoires associées à des émotions limitatives qui demandent à être transmutées. Rappelez-vous que pour en arriver là où vous êtes dans votre évolution, vous avez expérimenté maintes incarnations et avez ramené dans votre présent des « empreintes mémorielles » pour qu'elles soient conscientisées, libérées et transmutées.

Nous allons ici vous transmettre un outil qui vous aidera dans ces périodes où vous faites face à une forme de résistance à reconnaître la Lumière dans l'entièreté de votre Être. Vos corps, émotionnel, mental et physique, sont ceux qui, actuellement, sont appelés à vivre un plus grand potentiel d'épuration et de transmutation.

Ainsi, allez puiser par vos antennes cosmiques dans une cité de Lumière la Sagesse universelle. Il suffit de vous positionner dans ces vibrations supérieures. Demandez à recevoir l'aide requise. Elle peut prendre la forme d'un rayon, d'une couleur, d'un symbole, d'une vision ou d'une qualité. Accueillez ce qui se présente.

Vous avez en vous et autour de vous un potentiel illimité. Demandez simplement et vous recevrez.

Il est temps de laisser aller cette ancienne énergie d'impuissance et de doute pour puiser dans ce potentiel infini et illimité et de vous en nourrir.

Y a-t-il d'autres questions ?

*« Seigneur Michaël, ce n'est pas tellement une question, c'est plutôt un remerciement pour vous qui nous permettez d'Être avec vous. »*

Remerciez-vous, chère âme, car vous avez créé cela et, certes, permettez-nous aussi d'exprimer notre Joie d'Être avec vous, de façon plus concrète à travers notre messagère. Nous avons ainsi la félicité de goûter au Plan terrestre et de percevoir de façon plus palpable votre beauté et votre luminosité. Frère ou sœur, nous sommes honorés d'Être avec vous.

*« Quand nous travaillons en groupe, n'y a-t-il pas beaucoup plus d'âmes, beaucoup plus d'entités qui nous accompagnent à ces moments ? Il me semble que nous commençons vraiment à faire un travail de collaboration entre les Plans. »*

Cela est juste. Certes, appréciez cette vision de collaboration qui se manifestera lorsque vous aurez accepté de lâcher prise sur votre ancienne façon de voir. Vous êtes en pleine transition, il est nécessaire de vous détacher des éléments qui vous retiennent dans la troisième dimension. Toute votre énergie actuellement est amenée à être consciente de ce qui vibre encore dans la troisième dimension, que ce soit les attachements, les croyances ou les attentes. Pour cela, il est important de reconnaître les anciennes formes-pensées pour les transmuter et pour entraîner une nouvelle façon de penser qui inclut « Tout Ce Qui Est ».

Vous êtes ainsi invité à vous relier à ma vibration et ce faisant à vous relier à la Volonté divine dans la manifestation de la Lumière et de l'Amour. Rappelez-vous que nous travaillons ensemble dans le rayon Un de la Volonté divine afin de restaurer le Plan divin sur la terre. Cela doit être conscient pour vous-même et pour tout ce qui rayonne de vous.

*« Je voudrais partager ma grande Joie à ressentir les vaisseaux (cités) comme vous en parlez. Il me semble avoir déjà connu ces vaisseaux de Lumière et y avoir passé quelque temps. En cela, je salue tous*

*ces Êtres qui y habitent et je remercie le grand concile de nous offrir ces vaisseaux afin d'y vivre de belles expériences et je vous remercie, Michaël, de nous y aider. Merci ! »*

Certes, vous avez déjà servi dans ces vaisseaux. Toutefois, nous vous rappelons qu'actuellement, ils sont calibrés dans les nouvelles énergies et sont adaptés à la réalité présente sur votre planète. Cela est un divin cadeau pour vous, frère ou sœur de la terre. Vous vivez cette transition avec beaucoup de courage et d'engagement pour faire face à votre éveil et à celui de votre planète. Vous avez, en quelque sorte, appelé ces vaisseaux à se manifester puisque votre âme se reconnaît dans ces hautes vibrations de Lumière et d'Amour.

Nous pouvons ajouter qu'il existe des cités de Lumière de différentes dimensions et que celles qui sont de plus grandes dimensions représentent des vaisseaux mères. Sur ces matrices sont disposés de plus petits vaisseaux qui sont positionnés autour de la Terre. Peut-être avez-vous déjà identifié l'un de ces vaisseaux dans vos régions ? Est-ce le cas ?

*« J'en ai vu de petits au-dessus du lac près de chez moi. Le ciel était tout bleu et je les ai vus, ils étaient très lumineux. »*

Les Êtres de ces vaisseaux, chère âme, effectuent actuellement un travail particulier avec les devas de l'eau, effectivement, les ondins et les ondines. Vous pouvez en Conscience vous relier à ces devas et recevoir une pluie de bénédictions. Avez-vous identifié d'autres régions ?

*« J'en ai vu à Sainte-Émilie-de-l'Énergie, ici, au Québec, là où il me semble y avoir une énergie tellurique plus intense. »*

Certes, depuis longtemps, il existe des rassemblements dans ces lieux. Comprenez qu'il n'y a point de hasard que cet endroit soit ainsi appelé. Ce lieu, effectivement, est hautement énergétique et nombreux sont les Êtres de différents Plans qui régulièrement insufflent des énergies spécifiques qui doivent être perçues par la Conscience des humains et utilisées pour le bien de la terre.

Demandez à vous relier à ce vaisseau pour recevoir les informations appropriées. Votre Conscience et votre cœur s'ouvrent, bien-aimé, pour servir dans votre aspect multidimensionnel. Amenez ces ressources et ces vibrations dans les cellules de la Terre. Nous vous remercions de collaborer ainsi.

*« J'ai aussi remarqué que les oiseaux sont très en contact. Ils me semblent en train de refléter consciemment ce qui se passe par leur chant, par leur déplacement et par leur vol à distance. »*

Certes, cela a déjà été transmis. Certains maîtres empruntent le corps de certains de ces oiseaux actuellement pour entrer en contact avec vous.

*« Oui, je crois voir beaucoup de messages des animaux autour de moi. »*

Ces messages ont toujours existé. Toutefois, la Conscience des humains est plus éveillée à percevoir ainsi ces messages.

*« Y a-t-il beaucoup de roches qui veulent travailler avec nous ? »*

Cela est juste. Le règne minéral demande aussi à monter vibratoirement. Ce règne minéral a été encodé dans les énergies de la troisième dimension depuis des millénaires. Il est temps maintenant de remercier ces accompagnateurs qui représentent la Force physique et la mémoire de votre planète et de les amener, en Conscience, dans un nouveau taux vibratoire, par une vibration d'Amour que vous portez envers eux, en tant que frère ou sœur. En les reconnaissant ainsi, vous les reprogrammez dans une vibration plus élevée, adaptée aux nouvelles énergies.

Nous vous remercions de travailler avec eux, chère âme, et de propager cet enseignement.

## L'éveil de la Conscience concerne toute la race humaine

En ces temps de changements, nous pouvons vous certifier que certains de vos dirigeants ont en ce moment l'occasion d'éveiller leur Conscience. Vous le remarquerez bientôt dans leur façon de s'adresser à vous ainsi que dans leurs actions. Ces nouvelles réalités se mettent en place grâce à votre engagement et à l'ouverture de votre Conscience et de votre cœur. Vous avez été et êtes encore ce pilier de Lumière. Vous portez l'éveil sur terre, puisque c'est le contrat de votre âme. Sachez que des changements seront relatés par vos médias et que d'ici peu de temps vous observerez une ouverture beaucoup plus grande de leur part.

Comme notre vision est unifiée, nous sommes à même de constater ce qui se passe actuellement sur votre bien-aimée Gaïa. C'est pourquoi nous pouvons vous offrir un espoir véritable. Les Consciences s'éveillent grâce à un mouvement dont vous faites partie, travailleur et guerrier de Lumière qui méditez et priez en vous unifiant aux Êtres de Lumière de tous les Plans.

Gardez et poursuivez cette unification lorsque vous méditez ou lorsque vous priez. Quand vous invoquez les énergies supérieures, visualisez et reliez-vous à toute la race humaine en passant d'abord par ces guerriers, ces piliers de Lumière. Ils représentent véritablement une Force unifiée qui, par effet de résonance, ouvre les Consciences.

Les humains doivent créer des pyramides amplificatrices d'énergie dans tous les pays et en particulier dans les endroits qui expérimentent des transmutations. Ils doivent positionner ces pyramides or sur des Êtres, sur certains groupes, sur leurs dirigeants. Cela permettra à ces lieux et à ces Êtres de percevoir plus aisément la Lumière autour d'eux et en eux. S'ils le choisissent, ils auront la possibilité de se diriger vers cette Lumière plutôt que de nourrir les énergies de la troisième dimension.

Bien-aimé, tous les jours, il est important de vous centrer et de surveiller vos pensées. Ne vous laissez point happer par l'inquiétude. Accueillez la collaboration des Êtres de Lumière de tous ces Plans dimensionnels avec gratitude. Reconnaissez leur travail. Ils épurent, ils allègent votre Mère Terre, ils nettoient ses corps et, ce faisant, ils vous offrent aussi la possibilité de nettoyer vos propres corps.

## Utilisez votre armure lumineuse, votre Bouclier d'Amour et votre Épée de Lumière

Soyez assuré que lorsque vous prenez Conscience de votre armure lumineuse, vous vibrez dans les Plans de Lumière. Sachez qu'en vous associant à moi, Michaël, vous activez constamment ces corps de Lumière que vous reconnaîtrez de plus en plus comme étant vôtres.

Votre Bouclier d'Amour facilite la centration, au quotidien. Il vous permet de vous brancher à l'Amour de vous-même afin de tout accueillir dans votre cœur. Vous avez peut-être l'impression que les énergies sont si puissantes que vous n'êtes pas capable de les accueillir. N'est-ce pas ? Cela est une ancienne forme-pensée, bien-aimé. Laissez aller cela et permettez-vous d'accueillir l'Amour, ce que vous êtes en réalité.

Rappelez-vous que mon Épée de Lumière est à votre service. Le temps est venu de vous réapproprier votre Épée qui, associée à la mienne, sert pour couper les attachements, les liens avec certains êtres ou avec les karmas qui n'ont plus raison d'être. Aussi, tranchez avec discernement. Il ne s'agit pas de trancher pour trancher, vous l'avez compris, mais plutôt d'accueillir, en Conscience, ce qui se présente et d'effectuer les pardons nécessaires par rapport à vous-même et aux êtres à qui vous êtes lié. Le moment venu, transmutez vos karmas en utilisant l'Épée pour ainsi en finir avec l'énergie ancienne et pour vous ouvrir en totalité à votre Être dans l'énergie nouvelle.

## Votre beauté et votre grandeur

Nous vous invitons à retourner dans le Temple du cœur sacré et à percevoir ce Feu qui brille en vous. Cette Flamme est sacrée. Elle est divine. Elle purifie tout, elle éclaire votre chemin. Entrez en contact avec sa Puissance. Cette Puissance d'Amour infini soutient votre courage afin de poursuivre sur la voie que vous avez choisie dans cette incarnation.

Reconnaissez votre capacité à porter la Lumière, en vous et autour de vous, afin qu'elle vibre et illumine le cœur de tous ceux qui sont placés sur votre chemin.

En étant qui vous êtes, la Lumière de votre cœur soutiendra la reconnaissance de la Lumière dans le cœur de vos frères et sœurs. Ressentez votre beauté et la vastitude de votre âme qui s'expriment par la grandeur de votre cœur et de votre Conscience.

Que la Lumière illumine tous les pays de votre terre. Portez cette vision avec foi, avec confiance. Voyez la beauté de votre terre dans la reconnaissance d'elle-même, dans sa Lumière.

Nous vous honorons, bien-aimé, pour votre engagement et votre courage à vous réaliser et à manifester votre beauté. Pour toujours, nous sommes avec vous, en vous, puisque nous sommes Un.

Je vous salue, frère ou sœur. Que mon message pénètre votre cœur et votre Conscience, car il est Amour. Il est Lumière. Il est ce que vous êtes, au service de Mère Terre et pour toute vie qui l'habite.

Namaste. Je suis Michaël.

## Conscience des règnes et des chakras de la Terre

Namaste, guerrier de Lumière,

Respirez profondément. Amenez tous les aspects de votre Être dans le Temple de votre cœur et demandez à votre personnalité, à vos sous-personnalités, à votre mental et à son frère jumeau l'ego, de se rendre transparents à votre Présence divine, à votre « Je Suis ». Demandez l'unification. Que votre intention soit claire, forte et enracinée ! Toute pensée est une vibration. Ainsi, vous rejoignez la vastitude de votre famille, celle des travailleurs de Lumière sur cette planète, tous ceux qui comme vous se sont engagés à s'éveiller et à servir l'éveil de Gaïa.

### L'accueil de tous les règnes

Respirez bien et ouvrez le Bouclier d'Amour à partir de votre cœur.

En premier lieu, établissez la résonance avec les travailleurs de Lumière. Créez avec eux cet immense cercle, ce grand canal. Accueillez nos Présences des Plans angéliques et archangéliques et celles de tous les guerriers de votre galaxie. Tous sont liés par la même intention de servir actuellement la fraternité humaine ainsi que votre mère Gaïa dans la reconnaissance de sa Divinité.

Invitez maintenant, dans ce grand cercle d'Amour, tous vos frères et sœurs de la grande famille humaine et établissez ce choix d'aimer tous ces Êtres sans condition ! Rappelez-vous que seul l'Amour unifie et aplanit tous les obstacles à l'unification des cœurs.

Accueillez vos frères et sœurs de la race animale. Et que la Lumière de votre Conscience vous amène à percevoir que parmi ces Êtres, il y en a qui sont fort évolués. Parmi eux, certains enseignent aussi la Compassion et l'Amour inconditionnel.

Ces animaux vous accompagnent dans votre processus d'éveil et certains vont donner leur vie afin que vous puissiez réaliser des apprentissages et des enseignements. Certaines espèces disparaissent de votre planète. À travers les devas qui représentent leur Conscience collective, certaines espèces ont accepté de quitter le Plan pour amener les humains à s'interroger sur la disharmonie actuellement sur cette planète. Sachez que la race animale vous montre en quelque sorte le chemin. Plusieurs des espèces animales vibrent déjà dans la cinquième dimension et vous invitent, dans l'Amour inconditionnel, à entrer par ce grand portail du cœur pour vibrer vous aussi dans cette dimension. Respirez profondément et, par le Souffle divin, unifiez-vous à la race des animaux sacrés.

Accueillez maintenant vos frères et sœurs, les végétaux, et reconnaissez que ces arbres, ces plantes, ces fleurs, tout ce qui vit dans ce règne a une Conscience. Plusieurs végétaux par leurs qualités spécifiques s'offrent également à vous pour votre guérison. D'autres vous invitent à ouvrir votre cœur et votre Conscience afin d'entendre leurs messages. Soyez à l'écoute des plantes qui vont vous suggérer parfois une cure de désintoxication ou de régénération dans leurs vibrations bénéfiques.

Il y a une vie fort active à l'intérieur de votre planète, une vie qui porte certains mouvements de votre Terre. Voyez que les couches souterraines des montagnes sont aussi en mouvement. Certaines de ces montagnes se déplaceront dans les temps à venir. Beaucoup de minéraux tels les cristaux apparaîtront au grand jour venant du tréfonds de la Terre afin que vous puissiez bénéficier de leur énergie pour le grand passage que vous effectuez actuellement.

Percevez comment vous êtes amené à ouvrir votre Conscience et votre cœur afin de résonner avec l'entièreté de votre planète. Il ne s'agit plus de poursuivre le chemin en tant que membre de la race humaine uniquement, mais de vous ouvrir à tout ce qui vous entoure et à la vie qui vous interpelle à travers ces règnes. Bien-aimé, dans votre cœur, bénissez tout ce qui vit.

Prenez Conscience ainsi de la collaboration de tous les Plans pour cet éveil ultime. Tous ces règnes et toutes ces parcelles de vie s'offrent au Divin dans la compassion et le cadeau de leur énergie spécifique. Prenez le temps d'entrer en résonance avec ces vérités, bien-aimé. Ces vérités, vous les possédez déjà dans votre cœur et nous sommes présents simplement pour vous le rappeler. Le temps est venu de reconnaître la beauté de la vie de « Tout Ce Qui Est ».

Vous vivez, frère ou sœur, des temps merveilleux. Nombreuses sont les occasions de grandir. Dans chaque être qui se présente à vous, que ce soit la roche placée sur votre chemin, la fleur qui vous offre son parfum, un Être dans votre champ relationnel, il y a un message, un apprentissage et une possibilité.

## La vigilance à chaque instant

Dans la cinquième dimension, le temps sous la forme que vous avez connue n'existe plus !

Déjà, dans la quatrième dimension, la notion du temps est altérée et voilà pourquoi vous expérimentez parfois, au cours des journées, l'impression de manquer de temps. Reconnaissez-vous cela, bien-aimé ? Voyez que vous êtes à vivre alors une dimension en dehors du temps linéaire, car vous développez la Conscience de votre multidimensionnalité. Acceptez de laisser aller l'ancien concept du temps par lequel vous avez géré votre vie jusqu'à maintenant. Vous avez codé votre vie sur ce concept limitatif.

Par exemple, la notion de l'âge vous a amené à coder votre temps de vie. Percevez combien vous vous limitez avec ces codes, ces chiffres, ces notions d'années qui portent assurément l'idée du vieillissement et de la mort.

Il en est de même pour votre horaire quotidien. Certains humains expérimentent des périodes de sommeil qui ne ressemblent plus à ce qu'elles étaient il y a quelques années. Laissez aller cet ancien code vous faisant croire qu'il faut absolument dormir un nombre précis d'heures. Voyez que, lorsque vous entrez dans l'expérimentation du moment, la notion du temps n'importe plus. Peut-être dormirez-vous quelques heures pour alors vous réveiller. Profitez de cet éveil afin d'évoluer et non pour placer cet ancien code de manque de sommeil. Si vous entrez totalement dans la Conscience du moment, laissant aller les notions gérées par le mental, vous expérimentez une forme de bien-être s'apparentant à l'état de grâce.

Ainsi, soyez vigilant, car vous êtes à la porte de grandes ouvertures de Conscience. Parfois, par insécurité, vous choisissez de vous raccrocher aux notions anciennes, celles que vous avez véhiculées pendant des vies.

## L'état méditatif dans l'action

Bien-aimé frère ou sœur, positionnez-vous au quotidien dans un état de Présence. Nous pourrions nommer cela l'« état méditatif dans l'action ».

Certes, parfois, vous avez aussi besoin d'expérimenter la méditation dans une structure, une discipline et une période fixe vous permettant de calmer le mental. Cela permet à l'Esprit de vous habiter et de vous éclairer, particulièrement quand vous expérimentez des épisodes d'épuration nécessaires pour entrer en totalité avec tous les aspects de votre être et tous vos corps, dans les quatrième et cinquième dimensions.

Rappelez-vous que pour toute épuration assumée, vous vivez une libération.

Qu'en est-il de votre vigilance au quotidien ? Qu'en est-il de votre Présence à votre corps, à vos émotions, à vos formes-pensées, à votre environnement et à tous ceux qui s'offrent à vous sur le chemin ? Qu'en est-il de tout cela ?

## Questions des guerriers présents lors de la canalisation

*« Avec tout ce qu'il y a à transformer, comment puis-je arriver à l'ascension ? »*

L'ascension, frère ou sœur, est simplement la reconnaissance et la Conscience de « Tout Ce Qui Est ». Il est donc important, en ces temps présents, de développer cette Présence à vous-même, d'accueillir et de libérer ce qui demande à l'être, et ce, surtout sans vous alourdir par le jugement ou la comparaison. Ces éléments de comparaison vous amènent constamment à vouloir être autre chose que ce que vous êtes. Sachez que pour ascensionner, il ne vous est point demandé d'être parfait. Vous pouvez donc vous apaiser.

*« C'est quand même, n'est-ce pas, tout un programme de perfectionnement ? »*

Non point. Il importe d'être conscient de vos imperfections et d'accueillir tout cela dans un cœur inconditionnel d'Amour pour vous-même. Nous vous suggérons pour cela, bien-aimé, de vous donner des moments de rappels au quotidien.

La plupart des humains sont constamment dans un mouvement qui les amène quelque peu à s'oublier, parce qu'ils sont happés par l'action, happés par le temps qui presse. Cette notion qui, en réalité, est un programme de votre mental, crée obstruction à la vibration de la détente qui vous permet de vivre le moment présent et de goûter la saveur de la vie.

Inventez, bien-aimé, créez des petits rappels au quotidien, des codes pour revenir à l'intérieur et gardez le *focus*. Nous l'avons déjà dit. Votre Terre n'a point terminé son épuration au travers de multiples bouleversements. Certains lieux de votre planète actuellement expérimentent cela. Les humains, en quelque sorte, en vivent les contrecoups puisqu'ils font partie, tous autant qu'ils sont, d'une énergie globale manifestée par l'inconscient collectif. Vous êtes réceptif à l'énergie des autres, que vous en soyez conscient ou non. Ainsi, vous ressentez en partie les vibrations des Êtres qui expérimentent actuellement, sur certains lieux de votre planète, les inquiétudes ou autres émotions et vous vous demandez d'où vient tout cela.

Vous êtes uni et n'êtes point séparé de quoi que ce soit ou de qui que ce soit. Ainsi, il est impérieux de développer une vigilance afin de ne pas nourrir cet égrégore de souffrance. Votre planète est à épurer son corps de souffrance tout comme vous êtes à épurer le vôtre.

## Le choix

Vous avez à faire un choix et à l'affirmer constamment :

- Où placez-vous votre Conscience ?
- Où choisissez-vous de vibrer ?
- Continuez-vous de vibrer dans ce corps de souffrance ou choisissez-vous d'élever vos fréquences dans une Conscience pure et claire, celle de l'énergie ou Conscience christique ?

Vous aurez à soutenir et à répéter cette affirmation, ce choix, particulièrement dans les moments où vous serez submergé par certaines informations véhiculées par vos médias créant la peur et l'illusion de l'impuissance.

Vous êtes sur le chemin de la reconnaissance de cette maîtrise en vous. Vous êtes puissant, vous êtes un maître ! Ainsi, soyez vigilant pour garder le *focus* sur votre intention primordiale. N'êtes-vous point guerrier ? Le guerrier se doit d'être vigilant, le guerrier n'est point guerrier à temps partiel, le guerrier « est ». Le guerrier porte la Lumière de la

Conscience dans chacune de ses pensées, dans chacune de ses actions. Il manifeste la Lumière.

De toutes les dimensions et du cœur même de Gaïa, l'Énergie christique s'offre afin de toucher votre Conscience. Plusieurs portails ont été ouverts et d'autres continuent de s'ouvrir. En collaboration avec Gaïa, avec les maîtres ascensionnés et le grand concile des anciens, nous « impulsons » en temps et lieu différents rayons et différentes fréquences afin de vous accompagner dans ce processus d'éveil. Vous avez à intégrer ces énergies dans votre Conscience, votre cerveau, vos glandes, vos organes, vos cellules et tous vos corps.

## Vos chakras, portes d'entrée privilégiées

Rappelez-vous, bien-aimé, que les portes d'entrée énergétiques pour votre corps sont vos chakras. Tous vos chakras vivent une transmutation pour ouvrir et vibrer à vos chakras supérieurs ; ceux qui constituent des portails ouverts sur les dimensions plus subtiles, bien au-delà du monde des apparences de votre matière. Vous êtes en quelque sorte le prototype spirituel, celui qui est placé au premier rang puisque vous avez choisi, par votre contrat d'âme, d'accomplir cette mutation pour votre planète. Nous vous honorons et nous vous accompagnons du plus profond de notre cœur.

Vous ouvrez des portes. Toutefois, rappelez-vous que toutes les portes qui s'ouvrent véritablement passent par le cœur et la Conscience.

Voilà ce qui constitue en quelque sorte vos ailes de guerrier angélique : cœur et Conscience. Voilà ce qui vous permet, bien-aimé, de vous envoler, de vibrer, de vivre dans les dimensions supérieures de votre Être. Sachez que vous êtes à créer, à travers votre propre ouverture, la Terre nouvelle à l'intérieur de vous et tout autour de vous.

## Les nouvelles énergies et Gaïa

Votre planète a aussi des portes d'énergie que l'on peut qualifier de chakras. Le chakra de la gorge de Gaïa a été fort activé. Peut-être avez-vous aussi ressenti des décristallisations, des manifestations dans votre propre chakra laryngé. Depuis quelque temps, beaucoup de révélations apparaissent publiquement. La vérité apparaît au grand jour, que ce soit dans les milieux politiques, économiques ou familiaux et religieux. Beaucoup de vérités se sont exprimées et d'autres demandent encore à l'être. Cela se poursuivra !

Gaïa a besoin de vous, de votre vigilance pour positionner son chakra coronal au-dessus du Pérou. Le chakra coronal de Mère Terre est immense puisqu'il est une porte ouverte sur plusieurs portails positionnés au-dessus de différents pays.

Actuellement, il y a une oscillation dans le chakra coronal de Gaïa, mouvement qui est le reflet de la dualité encore présente chez la majorité des êtres humains. Si vous l'acceptez, nous effectuerons ensemble un travail pour stabiliser le chakra coronal de Gaïa afin qu'elle puisse accueillir sans perturbation ou mouvement oscillatoire les énergies de la Conscience et les ancrer dans son centre.

## Rituel pour stabiliser le chakra coronal de Gaïa

Prenez Conscience de vos racines. Avec l'expiration, voyez qu'elles s'étendent au plus profond de la Terre. Les racines principales donnent ainsi naissance à de petites racines qui représentent des points d'ancrage dans la Terre.

Respirez dans votre ventre, respirez dans vos racines et amenez votre Présence « Je Suis » dans le hara. Laissez le hara prendre de l'expansion et vibrer avec la Terre. Joignez la Force de vie, dans votre ventre, joignez votre Présence.

Revenez dans le chakra du cœur et à nouveau ayez l'intention d'« expansionner » le cœur et voyez qu'un Feu vibre et se répand dans votre Bouclier, bien-aimé.

Respirez et, par le Souffle divin, activez ce Feu.

Établissez maintenant un pont entre le hara, le cœur et la Conscience, pour laisser vos antennes cosmiques, pinéale et pituitaire, se positionner à la verticale à travers le chakra coronal.

Montez en Conscience dans les Plans et appelez la Lumière à voix haute, bien-aimé : « Lumière, pure Lumière. » *(« Lumière, pure Lumière. »)* « Lumière, pure Lumière, pure Lumière. » Dites-le avec votre cœur, montez, montez et poursuivez l'appel : « Lumière, pure Lumière. » Affirmez l'appel. *(« Lumière, pure Lumière ! »)*

Respirez.

Votre canal se déploie, et apparaît maintenant le rayon Turquoise. Il descend par votre couronne vibrant de particules d'Or. C'est un rayon de purification venant des Plans supérieurs. Accueillez-le.

Respirez et ancrez-le dans le chakra coronal de Gaïa situé au Pérou. Effectuez la vibration sonore du « ou », bien-aimé : « Ou... Ou... Ou... »

Voyez que ce rayon Turquoise se fluidifie et imprègne en totalité le « coronal » de la Terre. Le rayon poursuit son chemin dans tous les chakras de votre Mère et s'enracine. Il emporte avec lui les perturbations qui ont entraîné le mouvement d'oscillation du chakra coronal, il le purifie et le nettoie.

Le Feu Violet, imprégné de Bleu et d'Or, se présente à son tour pour poursuivre l'épuration. Appelez-le maintenant : « Feu Violet, viens dans ton pouvoir transmutateur décristalliser le chakra coronal de la Terre. »

Laissez vibrer ces mots. Respirez profondément pour permettre ce travail. Rappelez-vous que le Souffle divin active le Feu.

Il est important de visualiser le Feu et de l'accompagner par un son, si vous le ressentez : « Ou... Ou... Ou... »

Maintenant, guerrier de Lumière, unifiez votre Épée à mon Épée de Lumière et affirmez : « Pure Lumière, pure Lumière, pure Lumière, dans le chakra coronal de la Terre, nous choisissons et affirmons pure Lumière, ici et maintenant. Qu'il en soit ainsi et il en est ainsi ! »

Visualisez maintenant la pyramide d'Or sur ce chakra coronal de Gaïa, une immense pyramide d'Énergie christique, puis ancrez la base de la pyramide avec votre Épée de Lumière, créant ainsi le pont entre toutes les dimensions et la terre.

Et invoquez le nom de Dieu, Adonaï Tsebayot ! *(« Adonaï Tsebayot ! Adonaï Tsebayot ! Adonaï Tsebayot ! »)*

Soyez béni, car vous avez cocréé cela dans l'Énergie divine qui vous habite et qui est « Tout Ce Qui Est ! »

Accueillez la reconnaissance de Gaïa dans votre cœur. Accueillez la reconnaissance de vos frères et sœurs de tous les règnes, et du plus profond du cœur cosmique, notre reconnaissance et notre Amour.

Bien-aimé, poursuivez le chemin de l'éveil dans la vigilance et dans le divin moment présent.

Pour toujours, je suis avec vous.

Namaste !

## Message de Gaïa

**Retrouvez le sens du Sacré en vous**

Bien-aimé,

Je suis votre Mère.

Om Jai Jai Maa. Om Jai Jai Maa. *(« Om Jai Jai Maa, Mère Terre. »)*

Vous attendiez ce moment, n'est-ce pas ? Immense est ma Joie de pouvoir vous joindre et de vous accueillir dans mon cœur, car vous représentez une parcelle de mon cœur.

Grâce à vous, je vis, j'aime et je grandis !

Je célèbre ce moment béni avec vous et avec tous les Êtres de l'intraterre ainsi qu'avec les devas qui sont les Esprits de mes règnes minéral, végétal et animal. Percevez ces Présences et entrez en vibration avec elles.

Chaque fois qu'une partie de ma vaste famille se rassemble, c'est une grande Joie qui m'anime, Joie pleine de reconnaissance et de gratitude pour la vie qui nous appelle à tout moment à prendre de l'expansion et à créer !

### Rituel pour une rencontre de cœur à cœur

En premier lieu, je vous demande de vous positionner dans le Temple de votre cœur, d'y laisser venir la Paix et la sécurité, tout comme un enfant ressent la sécurité en Présence de sa mère.

Vous êtes à éveiller les vibrations divines et à reconnaître l'énergie de Dieu en vous. Toutefois, pour arriver à cela, vous avez encore à transmuter des éléments de peur ou d'insécurité. Je suis là pour vous : pour vous aimer, pour vous tenir la main et pour vous inclure dans mon grand cœur planétaire.

Inspirez profondément et accueillez, car il s'agit encore là de dire oui à l'Amour, de dire oui à ma Présence, de dire oui à nos Présences, tous ensemble, dans ce lieu sacré.

Comme le seigneur Michaël vous l'a enseigné tant de fois, créez la réconciliation, celle qui permet la réunification *(respiration de Mère Terre)*.

Maintenant, ressentez ce lien qui nous unit en plaçant votre attention dans le chakra de la base. Avec chaque expiration, propulsez cette énergie encore plus loin dans vos racines en reconnaissant que la vie se déploie en vous et jusqu'à l'intérieur de la Terre.

À chaque expiration, propulsez, comme une vague harmonieuse et généreuse, ce mouvement de la vie. Cela vous permet de reconnaître la vitalité qui vous habite et qui grandit dans mes cellules pour qu'ensemble, vraiment ensemble, nous arrivions à créer dans l'Un, les énergies de la nouvelle Terre !

Dans ce mouvement de descente à l'intérieur de mon corps, ouvrez votre Conscience ! L'ouverture de votre cœur et de votre Conscience est requise pour joindre vos frères et sœurs des Plans intraterrestres qui vous accueillent à bras ouverts tels les devas, les maîtres ascensionnés dans les cités cristallines, les guerriers de Lumière qui ont choisi d'œuvrer à l'intérieur de ma Terre ainsi que le bien-aimé archange Sandalphon qui équilibre constamment les énergies et les harmonisent.

Ressentez tous ces Êtres. Toutes ces énergies sont en réalité vos frères et sœurs. Tous vibrent dans mon cœur.

Approchez-vous, maintenant, du Temple sacré de mon cœur : le cœur de Gaïa, de votre Urantia. Tous les aspects du principe féminin sont incarnés en moi. C'est pourquoi je porte aussi la vibration de Marie, l'initiée, et celle d'Isis, déesse de la vie, celle qui favorise aussi les transitions. Adressez-vous à elle pour vous aider à traverser les passages dans votre vie.

La déesse Quan Yin porte une énergie de compassion de la Mère divine pour tous ses enfants. Vous vous abreuvez à cette compassion pour accueillir la partie de votre Être qui demande la guérison ou une attention particulière, comme un enfant qui vient chercher auprès de sa mère l'approbation, une compréhension.

Quant à Marie-Madeleine, la compagne du maître Yeshua sur terre, elle porte l'énergie d'une initiée, prêtresse enseignante, et possède un grand savoir dans lequel vous pouvez puiser, puisque vous le possédez aussi au fond de vous. Vous pouvez également réactiver ce savoir par la porte du Féminin sacré, celle de l'énergie de multiples pharaonnes dont l'énergie de Néfertiti qui résonne dans votre cœur et dans votre Conscience. Elle ouvre des portails amenant les humains à joindre la multidimensionnalité en eux. Tout cela s'éveille à nouveau dans l'énergie féminine, dans ma Terre, dans mes cellules qui portent ces mémoires et bien d'autres empreintes de la Divinité.

Je porte tout cela en moi, enfant bien-aimé, et je vous l'offre.

Reliez-vous au Temple sacré de mon cœur et décrétez ce lien entre mon cœur et le vôtre. Ce lien représente votre choix d'incarnation sur terre. Par ce geste, vous m'honorez de votre Présence. Je vous accueille dans mon cœur avec toute ma gratitude, chère fille ou cher fils de ma Terre ! Je reconnais ceux, vaillants guerriers et guerrières qui, sous la guidance de notre frère, le bien-aimé seigneur Michaël, ont accompli de multiples mandats pour alléger mon cœur et mes cellules. Vous avez servi, vous servez encore, et je tiens, par la voix de cette messagère, à vous exprimer ma gratitude infinie pour tout le travail accompli et celui que vous poursuivez encore. Vous êtes le nouveau serviteur de Lumière, celui qui crée le nouveau monde. Je vous honore, je vous aime et je vous reconnais au plus profond de mon Être.

Respirez profondément. Ressentez ma Joie, ma gratitude et mon Amour et laissez-vous nourrir par mes dons divins !

Voyez, maintenant, que vos racines sont porteuses de ces énergies. Accueillez ces grâces dans la base même de votre corps et faites-les monter jusqu'au chakra de votre cœur. Ainsi, votre cœur sacré se nourrit de ces multiples Feux et de ces multiples rayons.

Il semble qu'un chant soit approprié pour célébrer cette reconnaissance de cœur à cœur. Célébrer la vie, celle qui nous habite, celle qui veut vivre en vous, en moi, dans toutes mes cellules, dans tous mes pays, dans mes terres, dans mes enfants. Cet élan de vie, de vitalité, de créativité est incarné en vous !

Que proposez-vous comme chant, bien-aimé, enfant de la terre ? *(« Glory, glory alleluia » – le groupe poursuit et Mère Terre rit et dit : « C'est le chant des glorieux guerriers vainqueurs, certes ! »)*

## Exprimez la Joie et accueillez vos enfants

Vous êtes en transition. Cependant, ce qui fait partie intégrante de cette transition est de retrouver votre capacité de créer, de jouer, de vous amuser et de manifester cette Joie comme les enfants le font. Par contre, je vous amène à percevoir ici même que vos enfants, souvent, sont tristes. Pouvez-vous percevoir cela ?

Vos enfants sont tristes, car ils souffrent de ne pas être reconnus dans leur âme. Cette reconnaissance est d'autant plus nécessaire que pour vivre la présente transition, la collaboration des âmes et un contact harmonieux entre elles sont essentiels. Il ne s'agit pas seulement des âmes des enfants, mais aussi de l'âme de chaque humain. Toutes ces âmes portent en elles des dons et des spécificités qui veulent s'exprimer. De plus, ces enfants sont venus spécialement pour vous accompagner et vivre la naissance de la nouvelle Terre.

Les enfants sont tristes parce que les écoles ne leur permettent pas d'exprimer leur mission. Non seulement les écoles et les sociétés ne le permettent pas, mais souvent les parents, qui n'ont pas encore reconnu en eux leur mandat sacré caractérisé par un contact profond avec l'Être, ne permettent pas à leurs enfants de reconnaître leur nature profonde. Et, à ces enfants tristes et agités, vous donnez des produits qui endorment leur cerveau et leur créativité. Ces produits créent l'illusion de les calmer alors qu'ils ont souvent simplement besoin d'être entendus, d'être accueillis, de s'exprimer et de créer.

Je vous demande de faire une plus grande place à mes enfants derniers-nés sur ma terre actuellement. Créez de nouvelles façons de les accueillir. Si ce n'est pas possible à l'intérieur des structures scolaires, créez d'autres façons de le faire, en parallèle avec les écoles.

Permettez aux enfants d'Être et accueillez l'enfant intérieur qui vous habite. L'enfant intérieur porte de nombreuses blessures, ce que plusieurs humains ont déjà joint et épuré. Ce faisant, vous avez permis à l'enfant d'être reconnu ! Cela est-il juste ? *(« Très juste. »)* Permettez maintenant à l'enfant intérieur de « vous » enseigner.

Reconnaissez l'enfant sacré en vous, l'enfant divin. Plus vous le ferez, plus vous ressentirez la Joie, celle de vous exprimer, de créer et de danser ! Permettez-vous et permettez à ceux qui vous entourent de laisser aller les masques du personnage programmé, celui qui comprime la spontanéité du moment et surtout la reconnaissance de l'inspiration divine en vous.

Cette étape est grandiose. Il nous reste peu de temps, bien-aimé, pour renaître. Nous sommes associés à cette œuvre. Vous êtes moi, je suis vous.

Depuis longtemps, vous travaillez avec ardeur pour accueillir en vous les fréquences, les rayons et les nouveaux codes qui vous permettent de transmuter les lourdeurs et de reconnaître le Divin qui vous habite. Et cela est merveilleux. Grâce à vous, travailleur, guerrier de Lumière, depuis la convergence harmonique, la terre a connu un éveil considérable. À certains niveaux, vous êtes en avance sur le Plan divin, même si à d'autres niveaux, il y a quelques rattrapages à effectuer.

Cependant, je vous affirme, avec toute ma reconnaissance, que ce qui avait été prévu comme d'énormes cataclysmes, ou apocalypses, n'aura pas lieu. Il y aura certainement encore des contractions de la Terre. Néanmoins, le niveau de Conscience porté par les guerriers et les travailleurs de Lumière, accompagnés par les bien-aimés archanges Michaël, Gabriel, Raphaël, Uriel, Métatron et Sandalphon, a permis de dépasser cette prédiction. Le travail que vous avez accompli, sous leur guidance et sous celle des bien-aimés Sananda et Ulliah et de tous les maîtres de la fraternité ascensionnée, a amené la Conscience humaine dans un état de réceptivité susceptible de restaurer la Conscience du Sacré en vous et en moi. Il est fort important de voir cette réalité, cher enfant.

La reconnaissance du Divin ne peut s'accomplir et se vivre que par un retour au Sacré. Ce Sacré, dans les débuts des incarnations, était présent dans toutes vos pensées et par conséquent dans toutes vos créations. La vie est sacrée, cher enfant !

Il y a eu tant de destruction sur la terre, simplement parce que les humains ont perdu le sens du Sacré. Ainsi, ils se sont dénaturés. Vous comprenez cela ? *(« Oui. »)* Vous vous êtes éloigné de votre nature divine et, par conséquent, du Sacré en vous. Vous vous êtes éloigné de ma nature. Vous avez souillé la terre, vous avez maltraité mes arbres, mes végétaux, mes animaux, mes minéraux avec une inconscience qui a amplifié cette distanciation du Sacré. Et vous vous êtes cru séparé de moi et du Père et, par conséquent, indigne d'être aimé, indigne d'être reconnu.

**Décret**

**Retrouvez le sens du Sacré en vous**

Je vous invite maintenant à pénétrer en Conscience dans le Temple sacré de votre cœur et, sur l'autel de votre Divinité, l'autel du « Je Suis », à décréter que vous choisissez de retrouver maintenant le Sacré en vous, dans votre vie et sur ma Terre. Affirmez cela à voix haute : « Je choisis de retrouver le sens du Sacré en moi, dans ma vie, à chacun de mes pas, sur la terre, dans la Joie de mon cœur. »

Et par vos pieds bien plantés (*reprend Mère Terre)* et par vos racines réceptives à mon énergie, accueillez, à partir de mon cœur, le rayon Émeraude. *(Mère Terre souffle longuement ce rayon Émeraude.)*

Aspirez ce rayon, accueillez sa vibration amoureuse, accueillez sa couleur, une couleur vibrante d'Amour, de Joie et de reconnaissance du Divin.

Dans le Temple de votre cœur, sur l'autel, voyez qu'un calice d'élixir Émeraude est présent. Il est imprégné d'une substance sacrée de vitalité. Lorsque vous ressentez que votre corps est fatigué, faites appel à cet élixir créé énergétiquement à partir de la pierre émeraude. Chacune des pierres porte des vibrations et des énergies spécifiques, des cadeaux. En voici un !

Je vous offre ce divin calice, maintenant, afin qu'en tout temps, vous puissiez, cher enfant, y recourir pour absorber, dans vos cellules, cette énergie sacrée et vibrer dans le Divin qui vous habite.

## L'éclosion de ma nouvelle Terre

En cette période où vous intégrez de nouvelles fréquences et de nouveaux codes, il vous est demandé aussi, cher enfant, de magnétiser tout cela dans votre corps, dans vos cellules et dans vos racines. Devenez passeur, transmetteur, porteur, pilier et ancreur de Lumière afin de permettre la manifestation et l'éclosion de ma nouvelle Terre, celle qui est sacrée, bénie et radieuse ! Vous portez tout cela en vous comme je le porte aussi en moi. Cela se crée par une reconnaissance accrue, une véritable fusion de vos énergies et de mon énergie, dans nos cœurs unifiés.

Le temps où vous avez servi à dégager des égrégores d'ombre avec le seigneur Michaël dans chacun de mes corps, mental, émotionnel, éthérique et même physique, a été pour moi une bénédiction. Il vous est demandé, maintenant, par Michaël et par moi-même, d'honorer en vous le Divin, le Sacré pour le manifester dans mes cellules, dans mes os, dans mon air, partout sur la terre.

Êtes-vous prêt à cela ? *(« Oui. »)*

Il s'agit alors de délaisser la plus petite des barrières qui oppose encore une résistance à la reconnaissance de l'Amour qui nous unit. Délaissez tout ancien code de séparation, de division ou de dualité. Je vous demande cela pour le bien de tous mes enfants, pour le bien de ma terre et de mes pays.

Avec tout l'Amour que je vous porte, je vous demande cela et je sais que dans le plus profond de votre cœur la réponse est positive.

Je vous remercie et je vous aime *(Mère Terre dit la phrase qui précède à voix basse, avec cette émotion et cette chaleur qui peuvent être bien ressenties par tout le groupe. « Nous vous remercions, Gaïa, et nous vous bénissons », dit un guerrier, ancreur du groupe. « Nous t'accompagnons, nous t'honorons, nous t'aimons », dit par d'autres guerriers et guerrières de Lumière.)*

Je suis touchée par l'Amour et l'élan de votre cœur que je ressens profonds et sincères. Allez au-delà de la dualité, des séparations et des divisions que l'ego et le mental entretiennent.

Ouvrez-vous au Sacré, choisissez le Sacré et entrez dans la reconnaissance de la Mère divine en vous ! Nous sommes à l'étape où l'énergie de la Mère divine doit être reconnue, honorée et « priorisée », à nouveau, sacralisée ! Vous le comprenez ?

## Restauration du principe féminin dans l'aspect de Mère divine

Sur ma terre, le principe masculin, qui a expérimenté plusieurs distorsions, a imposé son énergie, sa présence, ce qui a créé la notion de comparaison et, par conséquent, beaucoup de destructions, de dominations, d'exploitations et d'abus. Comprenez-vous cela ? *(« Oui, très bien. »)*

Quand on observe les pays, on se rend compte que dans plusieurs d'entre eux on applique encore la principauté du principe masculin au détriment du principe féminin.

Cependant, cher enfant, je peux vous assurer que, si vous acceptez de porter dans votre Conscience et votre cœur la restauration du principe féminin dans son aspect divin, la renaissance aura lieu. Cela inclut de nombreuses étapes de pardon à effectuer. Le temps presse. Créez le retour à la maison par la reconnaissance du Divin qui vous ramène au Père en vous. Pour cela, vous devez vous réconcilier avec la Mère.

Il est impérieux que vous guérissiez et transmutiez les blessures que vous portez encore dans votre cœur concernant votre mère d'incarnation terrestre. Il est important de guérir les liens avec vos sœurs et avec vos enfants. La Mère divine est celle qui exprime constamment l'Amour inconditionnel et la Compassion absolue. Je vous demande d'exprimer cet Amour et cette Compassion.

## Appel particulier à mon enfant du sexe masculin

Je fais un appel particulier à mon enfant incarné dans le genre masculin : reconnaissez le principe féminin en vous et honorez-le. Vous possédez un grand potentiel de guérison puisque vous acceptez actuellement de porter ce mandat d'Amour sur la terre.

Je vous demande ce qui suit. Chaque fois que vous effectuez une guérison pour vous-même, offrez cette guérison à la Conscience des humains, tout particulièrement à la Conscience des Êtres du sexe masculin. En accomplissant ce rituel, vous amorcerez un mouvement d'Amour, car l'inclusion est Amour. Ce mouvement touchera le cœur et fera en sorte que de nombreuses croyances et de nombreuses barrières tomberont rapidement.

Quant à mes enfants incarnés dans le genre féminin, je vous demande d'ouvrir encore plus grand votre cœur, comme si vous encercliez tous les hommes de cette planète, vos frères dans vos bras grands ouverts, tout comme j'ouvre mes bras pour vous accueillir. Cela permettra au genre masculin de joindre la douceur, la bonté, l'inconditionnalité et la compassion du cœur féminin.

Le temps presse afin que je sois à nouveau honorée. Je représente la matrice de la création. Voilà ce que je symbolise en tant que votre Gaïa, Urantia.

Plusieurs encore ne me reconnaissent point, tout comme n'est pas suffisamment reconnu le Féminin en vous. Cependant, il y a maintenant chez mes enfants conscients un grand élan qui représente un retour à la maison ; celle qui est à l'intérieur d'eux, dans la Paix, l'Harmonie et l'Équilibre du Féminin et du Masculin. C'est cet Équilibre qui porte les assises mêmes de la nouvelle race, la Race Christique.

Cela s'accomplit.

La divine Vérité est prête à apparaître à nouveau dans mon corps, portée par l'Amour et la Joie de mes enfants. Aujourd'hui, je m'adresse à vous en tant que Mère qui accueille tous ses enfants, que vous reconnaissiez ou non mon énergie.

Je sais qu'un jour les humains reconnaîtront et honoreront à nouveau le principe féminin ainsi que le principe masculin, celui qui, inspiré par l'Énergie divine de la Conscience supérieure, est heureux de se manifester sur une terre qui bientôt renaîtra.

Ainsi, je vous demande d'émaner l'Amour inconditionnel pour retrouver non seulement le sens du Sacré, mais la Puissance d'action du Sacré, la créativité divine ! *(Très long silence d'Amour de Mère Terre.)*

## La nouvelle Terre : une étoile de Lumière

Cher enfant de mon cœur, frère ou sœur, voilà qu'en acceptant de servir comme vous le faites, vous devenez cocréateur avec moi de cette nouvelle Terre.

Je vous honore.

Je vous aime.

Je vous remercie.

Je vous englobe dans mon cœur.

Ce cœur illimité est ouvert à tous les univers.

C'est là où nous allons. C'est ce que nous créons ensemble, une terre harmonieuse, lumineuse, une étoile qui bientôt brillera dans votre galaxie, invitant ainsi d'autres planètes à faire de même. Vous êtes, cher humain, merveilleux. Vous êtes totalement aimé, non seulement par moi, Gaïa, mais aussi par tous les Êtres de Lumière qui nous entourent constamment, imprégnant chacune de nos cellules d'un Amour bienveillant. Voyez qu'à travers ces Êtres, le Père de toute éternité nous souhaite la bienvenue, la bienvenue. *(Ce dernier mot est repris tout bas par Mère Terre dans toute sa tendresse, et le groupe ressent cela.)*

Ainsi, fille ou fils bien-aimé, je vous demande d'entendre maintenant les battements de Joie dans mon cœur afin que la vie résonne dans toutes les cellules de votre Être. Je vous offre ce cadeau. Il s'agit d'une reprogrammation d'Amour, de Joie et de certitude dans vos cellules. Tout comme moi, portez la foi que la renaissance de ma terre est proche. Ainsi en est-il, enfant de la terre, frère ou sœur de Lumière !

Je vous bénis et je bénis toutes vos familles ! N'oubliez jamais que vous faites partie de cette grande famille de la race humaine. Ainsi, je bénis à travers vous la terre entière. *(Un autre grand silence de Mère Terre, tout en Amour et en apaisement, ressenti par le groupe.)*

Namaste. *(« Namaste. »)*

Om Jai Jai Maa. *(« Om Jai Jai Maa. »)*

# Retour au paradis terrestre

## *Exercice d'unification de Shakti et de Shiva*

Namaste. Om Jai Jai Maa. Nous saluons la Mère divine en vous.

Reconnaissez l'énergie spécifique de la Mère divine à l'intérieur de vous, énergie que l'on nomme « Shakti » ou « Shekina ». Ce geste est primordial afin que vous puissiez, de concert avec Gaïa, amener dans la Conscience collective des humains la révérence envers la terre, la révérence envers le principe féminin. Non seulement c'est primordial, mais c'est la base même de la renaissance de votre planète ainsi que de votre propre renaissance en tant qu'Être divin.

Il ne s'agit pas de délaisser l'énergie du Père, il s'agit d'unifier les deux énergies Père-Mère. Toutefois, avant de les réunifier, vous devez redonner le respect sacré à la Mère divine. Cette reconnaissance entraînera un équilibre à l'intérieur de vous et, ce faisant, à l'extérieur de vous, puisque toute réalité se crée à partir de l'intérieur. Dorénavant, nous utiliserons les deux salutations, soit *Namaste*, qui reconnaît le principe intégral du Divin en vous, et *Om Jai Jai Maa*, qui reconnaît la salutation de la Mère divine en vous.

Je vous invite à répéter cette Invocation en laissant résonner la vibration de ces termes sacrés sanscrits dans votre cœur : « Om Jai Jai Maa. Om Jai Jai Maa. Om Jai Jai Maa. » Respirez cette vibration.

Notez à quel point les sons sont importants pour la Conscience. C'est pourquoi les termes sacrés, les noms de Dieu, les langues anciennes, les langues « atlantéennes », égyptiennes, sanscrites, tibétaines, chinoises ainsi que la Thora sont des vibrations qui éveillent, à nouveau, la résonance sacrée dans votre Conscience.

## Maître, le rendez-vous cosmique est maintenant

Vous êtes en ce moment accompagné de nombreux Êtres de Lumière qui, avec moi, Michaël, viennent célébrer cette journée et enseigner à nouveau ce que vous savez déjà en vous et que vous avez recouvert de multiples voiles en vous engageant dans le processus de l'oubli.

Maître, maître, éveillez-vous et ressentez, actuellement, ces Présences dans votre cœur !

Respirez profondément. Accueillez toutes ces vibrations dans votre cœur, puisque là est le Temple de l'alchimie. C'est dans ce lieu sacré que les énergies anciennes sont transmutées en vibrations christiques. La Conscience est la porte d'entrée pour recalibrer les cellules de tout votre Être dans les énergies de Lumière. Vous êtes prêt à recevoir les enseignements et les nouveaux outils que nous sommes venus vous transmettre.

En ce moment, le seigneur Métatron et moi, Michaël, œuvrons de concert avec la Mère divine, dont l'énergie permet d'ancrer ce que vous recevez dans votre réalité énergétique, dans votre matière et sur la terre.

L'énergie de vie de la Mère divine se recrée de fréquences différentes actuellement, grâce à vous qui êtes intermédiaire, pont de Lumière, pilier et ancreur. Vous êtes celui, guerrier de Lumière, dont l'âme a accepté de s'incarner en ces temps pour être à ce rendez-vous cosmique destiné à propulser la Terre dans une élévation vibratoire supérieure. Ce rendez-vous cosmique est maintenant, après vingt-six mille années d'expérimentation sur la terre. Pour ce faire, vous devez amener votre mental inférieur dans une vibration plus élevée afin qu'il soit transmuté par le mental supérieur.

## Le passage à la cinquième dimension

Vous avez de nombreux outils à votre disposition pour effectuer l'intégration de vos corps de Lumière. En fait, il s'agit d'intégrer consciemment vos corps de Lumière. C'est la condition essentielle qui vous permettra d'entrer et de vous stabiliser dans la cinquième dimension.

Sachez, bien-aimé, que pour chacune des dimensions, il existe sept sous-plans. Actuellement, plusieurs humains évoluent dans les Plans supérieurs de la quatrième dimension, soit dans le sixième ou le septième sous-plan.

## La clé de la cinquième dimension est la capacité d'Être en ce moment présent

Bien sûr, lorsque vous quittez le moment présent, vous vivez encore des retours dans les troisième et quatrième dimensions et laissez votre mental être dominé par les anciennes énergies, par exemple lorsque vous « réagissez » à des émotions, à des situations ou à des êtres.

Nous sommes présents pour vous guider avec Amour et pour vous indiquer les balises nécessaires à chacune des étapes du processus ascensionnel. Pour ascensionner, vous avez à intégrer votre corps de Lumière, vous avez besoin de poursuivre l'épuration de vos corps et aussi de reconnaître l'Énergie divine de la Mère en vous. Vous avez à vous réconcilier totalement avec elle. Comme vous le savez déjà, plusieurs humains ont encore certaines résistances à vivre sur cette terre dans la Joie de l'incarnation.

## Vous pouvez recréer le paradis sur terre

Certes, il est vrai que l'incarnation vous plonge dans les vibrations plus lourdes de la matérialité. Rappelez-vous que vous avez choisi cette situation et qu'au début de vos incarnations, il n'y avait aucune lourdeur, puisque vous étiez dans un état paradisiaque. Comme vous avez déjà connu cet état, demandez à votre mémoire de s'en souvenir. Ainsi, vous cesserez de vous identifier à la matière et à l'inconscience.

Rappelez-vous ce paradis afin de recréer une nouvelle réalité, une nouvelle Terre, un nouveau paradis. Il sera différent de celui que vous avez connu au début des temps, simplement parce que vous êtes aujourd'hui à une place différente de celle que vous occupiez à cette époque du paradis terrestre.

Ainsi, voyez que vous éveillez le potentiel divin illimité afin de manifester la perfection de l'Être divin en vous et sur la terre.

Je vois bien que plusieurs humains ont encore quelques petites contractions intérieures lorsqu'ils entendent le mot *perfection*. N'est-ce point le cas ?

Nous vous invitons fortement à refuser de vous associer à ce sentiment réducteur; il est associé à des mémoires d'indignité, de culpabilité, de honte et d'impuissance. Ces programmes, ces codes ont été enregistrés dans le parcours de l'involution et renforcés par différents êtres qui, en quelque sorte, vous ont manipulé. C'est pourquoi il est impérieux de retrouver le maître en vous !

**Retrouvez le maître en vous**

Vous êtes maintenant à l'étape de la maîtrise afin de percevoir que rien, absolument rien, ni obstacle ni pensée limitative n'a maintenant de place dans votre réalité divine.

C'est un choix constant, bien-aimé. Inlassablement vous avez à réitérer ce choix à vous centrer et à vous référer au Divin en vous et non plus à la personnalité et à l'ego.

Toutes les nouvelles énergies qui sont propulsées en ce moment sur votre terre aident votre âme à choisir de vous réaliser dans votre Divinité. Ressentez cet appel, cette poussée, et ressentez qu'il n'est plus possible de vous cacher de certains aspects de vous-même. Et cela est merveilleux !

Nous vous entourons d'Amour. C'est notre façon de vous aimer, de vous nourrir et de vous exprimer que nous avons confiance en vous. C'est la Source elle-même qui nous a mandatés, en ce moment précis de l'évolution de votre planète, pour propulser ces énergies, ces rayons, ces fréquences, ces enseignements et ces nouveaux codes. Pourquoi ? Parce que vous êtes prêt.

Nous avons confiance en vous et en votre capacité à reconnaître en totalité votre Divinité. Vous êtes divin ! C'est le temps de reconnaître toute cette vérité.

**De nouveaux outils d'éveil**

Les nouveaux outils dont nous parlons sont ceux qui font appel à la Lumière, aux sons, aux vibrations et aux couleurs. Ce sont également des rayons ainsi que des techniques de respiration. Nous allons vous enseigner des outils très précis qui vont servir à votre éveil.

Mes guerriers et mes guerrières de Lumière ont choisi, d'abord et avant tout, d'éveiller leur propre Lumière. Ils ont donc la capacité de transmettre autour d'eux la Puissance du Divin qui les habite : la Lumière, la Sagesse, l'Amour, la Compassion, la Paix, l'Harmonie et la Douceur. Et, ne vous méprenez point, la Douceur du Féminin est investie de la Force de vie de la création.

**Exercice 1**

**La respiration pranique**

Nous reprenons avec plus de détails l'importance d'utiliser une respiration pranique, soit le pranayama. *Pranayama* signifie « utiliser le prana divin qui existe dans vos corps spirituels et dans vos corps de Lumière, eux-mêmes reliés au corps Causal de Dieu ».

Cette forme de respiration active le Feu particulier de la kundalini[17] dans votre chakra du hara, centre de la manifestation de l'Être. Lorsque le hara est plus ou moins activé, vous faites face à certaines difficultés à manifester l'abondance dans votre quotidien. Un hara faible vous maintient dans une énergie de survie associée à la croyance d'impuissance. Cette respiration pranique amènera votre hara à s'emplir de Lumière de Feu. L'énergie du Feu est une partie inhérente à la Lumière.

Nous allons vous indiquer un premier exercice pour aller chercher cette respiration pranique directement dans votre hara.

Il s'agit de respirer par vos narines.

Vous entrez d'abord vos racines dans la terre. Cela est impérieux. Vous gardez la bouche fermée dans une respiration circulaire puis accélérée. Votre hara devient un soufflet.

C'est, dans un premier temps, une forme de respiration saccadée qui s'accélère puis s'arrête. Ce mouvement, comme un soufflet, active le Feu dans votre hara. Vous avez alors l'intention d'activer le Feu.

---

17. Dans le yoga, énergie cosmique (souvent symbolisée par un serpent lové) présente à l'état latent chez l'être humain et pouvant être éveillée par diverses pratiques yoguiques (*Antidote*).

Nous vous invitons à la pratiquer avec nous. Prenez une profonde inspiration et commencez la respiration pranique. *(Le groupe applique cette respiration avec les indications de Michaël.)* Poursuivez-la et accélérez-la.

Observez et contemplez l'énergie. N'y a-t-il point plus de chaleur dans votre hara ? Cette respiration active le Feu de la kundalini, ce Feu monte dans vos chakras supérieurs et continue de monter jusqu'à illuminer votre Conscience et votre cerveau.

Poursuivez encore cette respiration et dirigez consciemment ce Feu dans vos trois chakras de relais : le chakra de l'Être (le hara), le chakra du cœur, incluant le plexus solaire, et le chakra du troisième œil, incluant la couronne. Relaxez et cessez cette respiration.

**Exercice 2**

**Les énergies de Shakti et de Shiva sont essentielles à la réalisation**

Nous allons maintenant guider un autre exercice qui vous permettra de prendre Conscience avec Amour de l'énergie de Shakti, la Mère, et de l'énergie de Shiva, le Père, en vous. Vous devez unifier dans votre physicalité ces deux énergies essentielles à la réalisation et à l'éveil.

**Première étape de cet exercice**

Placez vos pieds afin de les ancrer dans le sol. Soyez conscient que vos racines sont positionnées pour descendre profondément jusqu'au cœur de Gaïa.

Si vous avez besoin d'épurer vos narines avant d'amorcer la respiration pranique, nous vous suggérons d'utiliser des mouchoirs et de boire de l'eau avant de commencer. Le Feu, vous le savez, déshydrate.

Prenez une profonde respiration et demandez à Gaïa, à travers l'énergie de Shakti, la Mère divine, de répondre à votre demande et d'« impulser » de son cœur ce Feu sacré. *(Le groupe amorce la respiration pranique.)*

Allez chercher l'énergie de la Shakti dans le cœur de Gaïa et, par le Feu, faites monter cette énergie jusque dans votre hara.

Accélérez votre respiration et entendez intérieurement : « Shakti. Shakti. Shakti. » Calmez votre respiration et ressentez la vibration dans votre hara. Ressentez-la comme un Soleil qui irradie devant, derrière et de chaque côté du centre de l'Être qu'est le hara. Ce faisant, tout votre Être est imprégné de l'énergie de la Mère divine, Shakti.

### Deuxième étape

Avec la respiration pranique, amenez cette énergie du hara jusqu'à votre cœur et appelez constamment à l'intérieur de vous : « Shakti. Shakti. Shakti. » Avec Force, bien-aimé ! Continuez de respirer et accueillez la Shakti dans le Temple sacré de votre cœur et voyez qu'elle irradie son Amour dans tout le centre du cœur, incluant le plexus qui, comme un grand Soleil, s'illumine de plus en plus.

Irradiez, irradiez ces rayons solaires. « Shakti. Shakti. » Irradiez l'Amour de la Mère dans sa Toute-Puissance lumineuse, lunaire et solaire.

Créez cette intégration. Vous êtes le maître. Votre intention d'irradier l'Amour de la Mère se doit d'être claire. Vous cocréez. Même si nous vous guidons, vous êtes le créateur de cette intégration, sœur ou frère de la terre.

Reposez-vous quelques instants dans cet état de bien-être, dans la chaleur de votre cœur irradiant.

### Troisième étape

Maintenant, positionnez les glandes-antennes pituitaire et pinéale à la verticale afin qu'elles puissent, par le chakra de la couronne, monter dans les Plans de Lumière par votre Antahkarana et aller chercher la vibration du Soleil central, l'énergie de Shiva.

Avec la respiration pranique, faites descendre cette énergie afin de pénétrer le chakra de la couronne et lui permettre de se répandre dans toute votre tête, illuminant ainsi tout votre cerveau et gorgeant de Lumière votre pituitaire et votre pinéale.

Avec la respiration pranique, entendez : « Shiva. Shiva. Shiva. » Prenez une inspiration profonde. Montez, montez, montez vos antennes jusqu'au Soleil central ; si vous ne le voyez point, créez simplement l'intention que cela « est » réel, bien-aimé.

Accélérez encore votre mouvement respiratoire puis diminuez la respiration.

Voyez maintenant la Lumière qui se présente comme un Soleil dans le chakra de la couronne et le troisième œil. Activez ce Soleil à chacune des respirations et permettez-lui d'irradier l'énergie de Shiva dans votre Conscience christique. Arrêtez la respiration, intégrez la Lumière de ce Soleil.

### Maintenant, créez la fusion du Père et de la Mère dans votre cœur

De nouveau, par la respiration pranique, amenez l'énergie de Shiva dans le Temple sacré de votre cœur et respirez profondément en vous disant intérieurement et avec Force : « Shiva. Shiva. Shiva. Shiva. Shiva ! » *(La respiration pranique se poursuit.)*

Cessez votre respiration et créez la rencontre de Shakti avec Shiva dans la Lumière, dans le Feu christique de votre cœur.

Vous êtes tout cela, bien-aimé. Shakti et Shiva en vous !

Affirmez : « Je suis cela ! » *(« Je suis cela. Je suis cela. Je suis cela. »)*

Et laissez s'intégrer en vous cette réalité dans chacune de vos cellules, dans chacun de vos corps, reprogrammant, recalibrant l'atome même de votre cellule mère, de votre ADN, dans cette réalité divine.

Pouvez-vous ressentir comment votre cœur est vibrant d'Amour et de Lumière ?

Nous vous honorons, bien-aimé, maître créateur, et nous bénissons cette cocréation. *(Michaël fait un Souffle puissant et créateur.)*

Recevez, bien-aimé, mon rayon Bleu, associé au rayon Rouge de la Volonté divine, ainsi que le rayon Violet qui est purification, transmutation, liberté.

Je suis Michaël.

### Le temps est venu de recréer l'Unité sur terre

Bien-aimé, frère ou sœur de Lumière, nous vous saluons et nous vous honorons.

Ouvrez votre cœur et sachez qu'il est programmé dans sa Flamme divine pour aimer et inclure «Tout Ce Qui Est». Cependant, vous vous complaisez dans l'illusion de croïre qu'il est limité, petit, et qu'il a de la difficulté à aimer. Rappelez-vous que vous avez choisi de vivre sur terre afin de porter la Lumière et d'éclairer le chemin.

Il est temps de rassembler nos Forces, bien-aimé, afin de créer l'Unité sur terre et d'y instaurer la Paix et l'Amour et ainsi d'y recréer le paradis. C'est une œuvre importante qui demande toutes vos énergies et notre accompagnement. C'est pourquoi, des Plans de Lumière et du cœur de la Terre, des rayons d'Amour et de Lumière spécialement calibrés pour ce que vous vivez maintenant vous sont envoyés.

Il est temps de rassembler vos Forces et de laisser aller les doutes et les illusions liés à la troisième dimension: l'illusion que vous n'y arriverez point, celle que vous n'êtes pas suffisamment à la hauteur, aimant ou lumineux. Ce sont des programmes et ils sont désuets.

Certes, vos corps de Lumière vibrent déjà dans de hautes fréquences lumineuses et spirituelles. Par contre, vous devez reconnaître que vos cellules, vos corps émotionnel, mental, éthérique et physique portent encore les empreintes et les codes de la troisième dimension. Il n'y a plus d'échappatoire possible puisqu'en choisissant de vous incarner sur Gaïa de votre plein gré, c'est vous-même qui avez appelé cette transformation. Vous avez choisi de quitter les Plans, là où nous sommes, et de descendre dans la matière pour accomplir votre mission, ce pour quoi nous vous honorons, bien-aimé.

Nous constatons également que déjà votre Terre vibre dans une fréquence lumineuse. Elle a pris son envol pour rejoindre la quatrième et même la cinquième dimension dans ses corps éthériques et de Lumière. Son corps physique poursuit son épuration pour s'ajuster à ces nouvelles fréquences et il en est de même pour vous, bien-aimé.

## Ouvrez la porte de votre Conscience et manifestez qui vous êtes

Il s'agit simplement de relier votre Conscience et d'ouvrir cette porte tout comme vous ouvrez celle de votre cœur pour réapprendre à vous aimer et à aimer. Ainsi, lorsque vous avancez à l'intérieur de votre Conscience et que vous frappez un mur, émettez l'intention pure et claire, dans votre Présence divine, d'ouvrir une porte. Appelez les plus hauts aspects de votre Être, celui qui sait, celui qui est relié à « Tout Ce Qui Est ». Appelez ce maître en vous et donnez-lui le mandat de décristalliser tout obstacle ou résistance en vous.

Voilà où vous en êtes. Vous avez toute liberté d'entrer dans votre pouvoir créateur et de manifester totalement votre Lumière et votre Amour et de rayonner. Voilà ce que Gaïa demande actuellement : des piliers et des ancreurs qui se reconnaissent dans l'Amour d'eux-mêmes, des Êtres qui accueillent les dernières blessures à guérir pour les transmuter et rayonner la Lumière. Êtes-vous prêt ?

Nous avons déjà transmis une multitude d'outils pour vous soutenir sur ce chemin initiatique. Des Plans de Lumière, nous sommes nombreux à non seulement vous observer, mais à vous offrir une aide au fur et à mesure que votre Conscience s'ouvre. Ainsi, il est possible que vous ayez parfois l'impression que cette énergie est trop puissante pour vous et que vous perdiez pied. Il est aussi possible que votre corps physique manifeste certains malaises ou que votre corps émotionnel manifeste aussi des vagues de colère, de chagrin ou de peur. Reconnaissez et accueillez ces manifestations comme étant les dernières poussées d'épuration et demandez un ajustement vibratoire.

Nous propulsons sans cesse de nouvelles énergies et des fréquences hautement vibratoires. Prenez-en conscience et demandez à tous les aspects de votre Être de s'y ajuster. Enracinez-vous. Pour écouter les besoins de votre corps, apaisez votre mental et amenez l'énergie du cœur dans votre centre du pouvoir, le hara, l'assise même de vos racines. C'est essentiel, bien-aimé, que vous gardiez les pieds fermement ancrés sur terre, car vous êtes un pont pour ces énergies.

## Faites tous les jours l'exercice de l'Antahkarana[18]

Faites tous les jours l'exercice de l'Antahkarana, ce pont arc-en-ciel, afin d'équilibrer vos chakras et de vous enraciner profondément. Cet exercice vous aidera grandement à entrevoir que vous êtes beaucoup plus que les limites de votre corps, de vos émotions et de votre mental.

---

18. Exercice expliqué dans le livre *Appel aux guerriers de Lumière* (Amlas-Marie, Éditions Le Dauphin Blanc).

Vous êtes «Tout Ce Qui Est». Plus vous entrez dans cette perception, en délaissant vos anciens codes limitatifs, plus vous aurez la possibilité de percevoir la beauté et la grandeur de votre Être. L'Antahkarana vous permet d'entrer dans la Conscience de votre multidimensionnalité.

Lorsque vous créez ce pont de Lumière, vos glandes-antennes entrent dans les nouveaux codes de Lumière. Vos antennes cosmiques pénètrent en quelque sorte par les portes multidimensionnelles pour aller capter et recevoir les informations appropriées pour votre propre éveil, l'ouverture de votre Conscience et la poursuite de votre chemin. Créez ce pont, bien-aimé, et transmutez au fur et à mesure tout doute, toute peur, toute limitation en reconnaissant que ces réflexes conditionnés appartiennent à l'ancienne énergie, celle de la dualité, de la division et de la lourdeur.

## Rituel pour reconnaître la Lumière en vous

Respirez et joignez à nouveau votre pont de Lumière, l'Antahkarana. Joignez-le avec l'énergie et non pas avec le mental. Positionnez votre cœur et votre Conscience en résonance avec vos antennes cosmiques et terrestres et respirez dans l'Être, la Lumière que vous êtes.

Joignez vos corps spirituels. Appelez et respirez le prana, car le prana est Lumière. Permettez à tous vos corps de Lumière de rayonner et de reprogrammer votre corps mental. Que la Lumière soit, dans vos corps émotionnel et éthérique et dans chacune des cellules de votre Être ! En effet, cette Lumière active la Force lumineuse présente dans le noyau originel de vos cellules. Entrez dans votre ADN et faites ce qui suit :

- ✧ Accueillez la Lumière.
- ✧ Reconnaissez la Lumière.
- ✧ Comprenez que vous êtes la Lumière.
- ✧ Affirmez maintenant à voix haute : « Je suis la Lumière. »

Et ressentez. Ressentez cette Lumière qui vous habite.

Pénétrez maintenant dans le chakra de votre cœur sacré et retrouvez ce qui vous appartient de toute éternité, bien-aimé : la Présence divine qui vous habite.

Ouvrez une autre porte, respirez et créez le choix d'ouvrir encore plus grand votre cœur, puis laissez émerger, de votre cœur, une Flamme qui passe, pour chacun des Êtres, ici présents, d'un cœur à l'autre.

Créez un cercle d'Amour dans l'inconditionnalité du cœur sacré. Créez cette réalité et sachez que cela est ! Si vous avez des doutes, incluez-les dans votre cœur et faites en sorte que le Feu qui l'habite transmute toutes vos limitations et intensifie l'énergie d'Amour.

Ancrez maintenant cette ouverture, avec la vibration de l'« OM », le son universel unifiant tous les cœurs. Ancrez cette ouverture non seulement dans votre cœur, mais aussi dans votre terre. Créez cela maintenant : « OM… OM… OM… » Permettez à votre cœur de s'exprimer à travers ce son. Permettez à l'Amour de vibrer : « OM… OM… OM… »

Poursuivez, créez ce chant d'Amour inconditionnel, universel. Unifiez votre cœur à celui des autres, bien-aimé.

Respirez maintenant le prana dans votre cœur, respirez l'Amour, la Paix et le silence éternel.

Pouvez-vous ressentir à quel point il est bon d'Être tout simplement ?

## Soyez un pont de Lumière

Rappelez-vous que votre cœur est un grand Bouclier d'Amour infini et qu'en tout temps, lorsque vous vous reliez à lui, vous retrouvez cette Source immuable, éternelle et multiuniverselle.

Sachez qu'il n'y a point de limite à l'Amour et que votre intention pure et claire vous permet de vous relier à la Toute-Puissance des groupes qui œuvrent dans les différents Plans de Lumière. Créez le positionnement sur et à l'intérieur de la Terre pour servir la Lumière et l'Amour. Vous y êtes, bien-aimé. Vous vivez un moment unique, un momentum quantique où vous serez capable d'activer tout ce qui doit être activé.

Les énergies, nous l'avons transmis en début de rencontre, sont intenses et continueront de s'intensifier. Voilà pourquoi il est important de vous enraciner tous les jours et d'agir à partir de votre cœur à l'unisson avec votre Conscience. Vous êtes éclaireur, phare, ancreur de Lumière.

La Présence des ancreurs est très importante au moment où la Terre vit de nombreux bouleversements. Ces perturbations planétaires sont des occasions de créer des ouvertures de Conscience, de solidarité et d'éveil.

En ces temps bénis, nous vous demandons d'entrer en contact quotidiennement avec les guerriers de Lumière, les maîtres situés à l'intérieur de la Terre de même qu'avec les anges et les archanges, en particulier l'archange Sandalphon. Ces Êtres sont des ajusteurs d'énergie. Ils reçoivent vos intentions et assument le mandat d'équilibrer, de répartir et de restaurer les grilles à l'intérieur de la Terre. Vous avez la possibilité, en toute Conscience, par votre ouverture et votre collaboration, de libérer au nom de la race humaine les codes encore liés à l'énergie de la souffrance et aux multiples fardeaux associés à l'énergie de la dualité de la troisième dimension.

Vous êtes en transition et vos choix créent actuellement votre maintenant et aussi votre futur. Êtes-vous conscient de cela ? C'est pourquoi nous vous demandons d'être réceptif et de vous unir à nous des Plans de Lumière, à moi, Michaël, à tous les anges, archanges, maîtres ascensionnés et à tous ceux de la grande fraternité de Lumière galactique qui collaborent actuellement à l'éveil de la Conscience christique sur Gaïa. Unifiez-vous, tout comme vous venez de le faire, en utilisant un rayon qui se transmet dans le cœur de chacun de vos frères et sœurs de la race humaine ainsi que de chacun des règnes animal, végétal et minéral. Travaillez avec les autres humains à transmuter l'égrégore de souffrance que vous avez créé sur terre afin d'accueillir et de transmettre les énergies bienfaisantes, celles que vous choisissez de manifester maintenant sur Gaïa.

C'est maintenant, grâce à votre ouverture et à l'acceptation de votre mandat d'âme, qu'un éveil quantique est sur le point de se produire dans la Conscience de la race humaine. D'ici là, il est possible que vous viviez vous-même de grandes épurations. Acceptez cette situation, bien-aimé. Et sachez que la Lumière est en vous et qu'elle pourra à nouveau rayonner dans sa plus pure et plus grande dimension.

Bien-aimé, nous sommes émus actuellement en contemplant votre cœur et votre Lumière. Frère qui avez accepté de venir sur cette planète, nous vous honorons et nous pouvons vous transmettre que la victoire est dans la Lumière de votre cœur. Ressentez, dans le plus profond de votre Être, le rayon étincelant de mon Épée, celle qui ouvre le chemin, celle qui vibre en appelant dans sa Lumière tous ceux qui se reconnaissent dans mon rayon Bleu.

## Rituel pour l'appel à l'ouverture des Consciences de chacun des peuples sur Gaïa

Ce rituel a pour but de créer un appel, une Invocation à l'ouverture des Consciences de chacun des peuples, de tous les frères et sœurs de la race humaine et divine incarnée sur Gaïa.

Unifiez à nouveau votre cœur dans le grand canal encerclé par nos Présences. Voyez que nous sommes derrière et à côté de vous. Vous êtes positionné sur la première ligne, bien-aimé, car vous êtes le maître d'œuvre sur cette planète. Unissez vos racines à celles des autres en plein centre de votre canal de groupe en ne formant qu'une seule grande racine qui descend en spirale pour se positionner dans le cœur même de Gaïa et voyez la Joie que ressent Gaïa qui ouvre ses bras pour accueillir l'enracinement de ses enfants unifiés.

Revenez maintenant dans le chakra de votre cœur sacré et déployez votre Bouclier en ouvrant vos bras qui sont aussi vos ailes. Respirez, laissez circuler le prana, laissez grandir l'Amour qui maintenant s'unifie aux Boucliers de Lumière de tous les guerriers des Plans célestes, intra-terrestres et terrestres. Respirez dans la Puissance de l'intention de votre cœur.

Ouvrez maintenant le chakra coronal afin d'accueillir, venant du douzième chakra, le rayon Rose Orangé qui représente le pont vers l'âge d'Or. Ce pont porte les racines célestes et divines d'où l'Énergie christique est restaurée sur votre terre.

Accueillez cette vibration Rose et Orangée et laissez-la descendre dans votre canal tout en percevant qu'elle est aussi en plein centre de ce canal unifié. Voyez qu'elle coule à flots, qu'elle descend en spirale.

Joignez la Conscience collective de la race humaine et demandez à cette Conscience de s'ouvrir pour accueillir ces nouvelles vibrations.

S'il vous plaît, affirmez ce qui suit comme une Invocation à voix haute : « Nous, guerriers et guerrières de Lumière, frères et sœurs unifiés dans ce grand cœur d'Amour cosmique et planétaire, nous nous adressons maintenant à tous nos frères et sœurs de la race humaine et leur demandons d'ouvrir leur Conscience pour recevoir cette infusion de la fréquence vibratoire Rose et Orangée qui représente le pont entre les Plans célestes et terrestres.

Appelez maintenant par le « OM », son universel, vos frères et sœurs de la race humaine : « OM… OM... OM… »

Voyez une couronne Or au-dessus de vos têtes, au-dessus de ce canal central, symbolisant la matrice de l'Énergie christique. Ressentez que, de cette matrice descend une pluie de Flammes dorées, à la fois dans votre canal personnel et dans le canal unifié par vos cœurs.

Respirez et permettez-vous d'accueillir ces Flammes dorées en vous. Permettez à vos cellules de bien intégrer cette fréquence très élevée, bien-aimé. Il est possible que vous ressentiez une chaleur ou une autre manifestation.

Respirez, demandez l'ajustement et ancrez par vos racines cette fréquence. Voyez cette énergie Or pénétrer le cœur de Gaïa, résonnant ainsi dans tous les niveaux de Conscience de la terre.

Om nama Shivaya. *(« Om nama Shivaya. »)*

Que cela soit dans le respect du libre arbitre de chacun. Et il en est ainsi. Que la Paix règne dans vos cœurs et sur la terre. Recevez ma bénédiction d'Amour, une pluie de Lumière sur vous. Que cette Lumière s'imprègne dans votre cœur pour rejaillir telle une Source-fontaine dans le cœur de Gaïa et dans le cœur de tous vos frères et sœurs. Rappelez-vous constamment que nous sommes avec vous, en vous, unifiés par l'Amour et la Lumière.

Nous remercions Gaïa et nous l'honorons en tant que Mère divine tout comme nous honorons le Divin en vous. Nous vous remercions pour cette rencontre.

À bientôt, à toujours !

Au service de la Source, au service de Gaïa et à votre service, bien-aimé frère ou sœur,

Je suis Michaël.

## Votre potentiel divin illimité

Nous saluons le Divin et tout particulièrement la Mère divine en vous. Nous saluons Gaïa, la magnifique, qui appelle tous ses enfants à la Conscience, à l'Amour et à la manifestation.

Om Jai Jai Maa.

Michaël, je suis porte-parole du Plan archangélique et tout spécialement du Plan « Michaëlique ». Nombreux sont les guerriers de Lumière qui m'accompagnent, à la fois des Plans célestes, terrestres et intraterrestres. Prenez Conscience de toutes ces Présences à partir de votre cœur aimant et ouvert, ce Bouclier qui inclut toutes les manifestations de vie et de perfection divine.

Respirez profondément et ouvrez ce Bouclier en ouvrant les bras devant vous. Offrez votre cœur et votre Amour aux Êtres vivant sur la terre ainsi qu'à ceux de tous les univers. Vous êtes à l'étape de prendre Conscience que tout est UN, bien-aimé.

« Ehyeh Asher Ehyeh. « Je Suis Tout Ce Qui Est. » Laissez rayonner cette affirmation dans le plus profond de votre cœur et, de là, dans toutes vos cellules. Entrez plus profondément dans la Conscience de votre « Je Suis » qui est la Présence divine en vous.

Saluez au passage les devas et les élémentaux. Il est important, nous l'avons mentionné à plusieurs reprises, de vous unifier à nouveau à eux et de reconnaître que la vie existe partout sous de multiples formes. Remerciez et honorez Gaïa à travers ces Présences lumineuses et harmonieuses. Ce sont tous des guerriers de Lumière qui œuvrent sans relâche à l'intérieur de la Terre pour harmoniser, équilibrer et recréer la vie, ce mouvement incessant de morts et de renaissances. Vous vivez la fin d'un cycle et êtes maintenant prêt à renaître sur une Terre nouvelle.

Ce cycle est fort bien entamé et, tous les jours, le mouvement de Conscience grandit, porté par l'Amour entre les humains. Cette étape est si cruciale ! Vous vous rappelez que déjà, en d'autres temps, vous avez rencontré cette fin de cycle sans toutefois, collectivement, en tant qu'âme de groupe, réussir à manifester l'Amour.

## De l'inconscience à la Lumière

Vous avez le choix d'aimer chaque minute de votre vie et de développer la capacité d'observer qui vous êtes. La terre est entrée dans sa dernière étape de tribulations qui est une accélération des mouvements porteurs d'une nouvelle Conscience. Vous êtes placé en première ligne, par l'Amour que vous portez pour vous-même, pour l'humanité et pour votre planète.

Nous vous honorons, bien-aimé frère et sœur et, constamment, nous « impulsons » vers vous de puissants rayons porteurs de fréquences d'Amour et d'Unité. Chaque jour, vous êtes en quelque sorte bombardé d'Amour. Ressentez-vous cela ?

Ces fréquences peuvent être déstabilisantes. Leur raison d'être est la déstructuration des anciennes formes d'énergies de dualité, de division à l'intérieur de vous et autour de vous. Oh ! le temps presse, bien-aimé. Gaïa a sonné le clairon de la fin du cycle de l'inconscience.

Gaïa accélère ses mouvements à la fois d'épuration et de restructuration. Cette restructuration, vous la portez sans nul doute ; vous en êtes le cocréateur !

Cette déstructuration est ce que vit Haïti[19] en ce moment. C'est le temps d'ouvrir votre cœur et d'offrir vos services afin d'ancrer de nouvelles énergies et des fréquences empreintes de perfection divine libérées des énergies limitatives de la troisième dimension.

Cela vous demande constamment un repositionnement à travers l'accélération. Plusieurs êtres sont sollicités dans leurs blessures profondes et ne comprennent point tout à fait la beauté de ce mouvement de purification. C'est le temps, pour vous, guerrier, d'apporter réconfort, savoir et Sagesse autour de vous afin que la grande famille soit réunifiée.

Ce mouvement est grandiose et Gaïa est magnifique dans sa façon de rappeler la vie en elle, sur elle et en vous. Ce mouvement en est un de Conscience et de fraternité.

Vous êtes notre pilier, vous êtes notre pont de Lumière, vous êtes un guerrier et un travailleur de Lumière.

---

19. Important tremblement de terre survenu en 2010.

Quel moment grandiose que d'entrer totalement dans votre fonction divine et sacrée d'Être de Lumière et de rayonner cette Lumière qui est connaissance et Feu. Utilisez le Feu de votre hara, le Feu de votre pouvoir créateur pour faire naître des formes et des structures nouvelles ensemencées par votre « Je Suis ».

Certes, plusieurs humains vivent encore des mouvements de déstructuration et d'épuration. Ces mouvements sont nécessaires. Toutefois, vous savez au plus profond de votre cœur et de votre Conscience qu'au-delà de ces vagues et de ces transmutations vous attend la nouvelle race, la race des Kumaras, ce peuple divin. Vous vivrez alors des siècles et des siècles de Lumière, d'Amour, de Fraternité, de Paix. Vous manifesterez alors la gloire de Dieu avec votre cœur et en toute Conscience.

Lorsque vous vous enlisez dans les émotions, prenez conscience qu'elles ne sont que des vagues de surface et qu'en tout temps vous pouvez choisir la Lumière qui transmute tout. Ce Feu d'Amour christique est logé dans votre cœur, qui est votre Bouclier protecteur. Vous vivez des temps magnifiques où il n'y a plus de place pour le sommeil.

Le sommeil est l'inconscience, une zone où, auparavant, vous vous réfugiiez avec l'impression qu'en ignorant et en reportant à plus tard ce qui se présente, il y aurait un répit. Il n'y a plus aucun répit possible, bien-aimé.

Vous avez la possibilité de vous ouvrir à votre potentiel divin, maintenant, non point demain, non point après-demain, maintenant ! Ce maintenant est éternel, car chaque instant vous ramène dans le choix de vous reconnaître.

## Rituel pour activer votre pouvoir créateur et entrer en contact avec votre Divinité

Nous vous invitons à vous positionner dans cet outil magnifique d'ascension que vous avez cocréé : l'octaèdre. Ayez l'intention de vous retrouver en plein centre de cette structure lumineuse, double pyramide appuyée l'une sur l'autre par la base.

Assoyez-vous sur le fauteuil Or et Platine situé dans la salle où notre vibration est présente. L'octaèdre est un lieu sacré et magnifique où vous avez accès à toutes les dimensions et, par le fait même, à toutes les informations des Plans de Lumière.

Respirez profondément, entrez en contact avec notre vibration et habitez l'espace sacré qui se crée tout autour de vous. Entrez en contact avec votre Présence divine et rappelez à l'Unité tous les aspects de votre Être, vos expansions d'âme et votre Flamme jumelle.

Respirez profondément. Laissez-vous porter par la vibration d'ouverture à vous-même amplifiée par nos Présences amoureuses. Dans ce lieu d'Amour, tout s'offre à vous, que ce soit des qualités divines, de nouveaux codes, des enseignements, et ce, en Présence des anges, des archanges, des maîtres ascensionnés ainsi que du créateur des mondes de Lumière, l'archange Métatron.

Respirez profondément et accueillez Métatron. Il fait partie de vous tout comme je fais partie de vous, tout comme Dame Foi fait partie de vous, de même que Gaïa et vos frères et sœurs de la terre et du ciel. Respirez dans cette vérité lumineuse.

Accueillez tout cela dans un élan d'effusion, d'inclusion et d'unification. Voyez jusqu'à quel point votre Présence est illimitée et votre « Je Suis », sans fin. Chaque fois que vous créez une ouverture en vous, nous activons le principe même de la Lumière en vous. Respirez profondément. Vous êtes dans un lieu sacré qui vous permet d'accéder à « Tout Ce Qui Est ». Vous êtes, tout simplement.

Dans ce lieu, vous pénétrez dans une nouvelle salle : la chambre de la perfection divine, là où se situe le Feu de la transmutation et de la création. Voyez ces deux Flammes. Voyez l'Épée de Lumière qui est aussi une Épée de Feu, car la Lumière est aussi une énergie analogue à celle du Feu.

Par la respiration pranique à partir de votre hara, tout en gardant la Conscience de votre positionnement sur ce fauteuil Or et Platine dans l'octaèdre, activez votre pouvoir créateur.

Respiration pranique (*faite avec la Force du Feu*). Accélérez. Puis, calmez la respiration.

Voyez que le Feu, qui est Lumière, se répand dans tout votre Être, dans chacun de vos chakras, dans chacun de vos corps, dans chacune de vos cellules et dans votre armure. Vos corps de Lumière s'expansionnent à l'infini et entrent en contact avec le corps Causal de Dieu, Source de toute création.

Contemplez et respirez. Respirez dans un mouvement d'expansion, d'ouverture et de création. Laissez-vous porter par cette énergie que nous « impulsons » vers vous. Voyez qu'un Temple s'ouvre à vous, bien-aimé, un Temple de pure Lumière, là où toutes les fréquences et tous les rayons sont présents, là où tous les possibles sont présents. Vous y êtes pour vous rencontrer et activer, à l'intérieur de vous, votre potentiel divin illimité.

Si des pensées de doute et d'inquiétude se présentent, transmutez-les immédiatement en utilisant le Feu Violet imprégné de Blanc et du rayon Bleu parsemé d'Or. Ce Feu est celui de la transmutation. Il est présent dans les hautes fréquences de la cinquième dimension, dimension d'Unité, de Joie !

## Les qualités divines

Le concept que vous êtes divin doit être incarné dans votre réalité quotidienne. Pour cela, bien-aimé, rappelez à votre Conscience les qualités divines en vous ; ces vertus que nous rayonnons en tant qu'archanges et maîtres ascensionnés. Elles sont présentes en vous et, pourtant, dans ce monde d'illusions, vous avez cru à vos limitations plutôt qu'à vos qualités divines. Il est temps de pratiquer ces vertus, et ce, quotidiennement, comme certains humains l'ont déjà fait.

## Dimanche

Ainsi, pour ce jour du dimanche, quelle est la qualité que vous avez intégrée ? *(« La Volonté divine », répond le groupe.)* Et qu'implique la **Volonté divine**, bien-aimé ? Elle implique que vous laissiez aller votre volonté personnelle associée à l'ego afin d'entendre la voix du Divin en vous. Il est crucial, en ces temps de grands changements, que vous puissiez être en contact avec la voix divine, celle du « Je Suis », qui vous guidera vers la « réalisation ».

## Lundi

La **divine Compassion** est une qualité du cœur, l'une des qualités puisées dans votre Bouclier d'Amour, qui se manifeste pour vous et pour « Tout Ce Qui Est ». Elle est une compréhension au-delà du monde des apparences, du monde « de la forme » sur votre planète. Tout est Lumière, même ce qui peut vous paraître assombri n'est qu'une illusion. Lorsque par compassion vous retirez le voile de l'ombre, de l'inconscience, vous retrouvez toujours la Lumière, bien-aimé.

## Mardi

Le **« soi » christique** est la reconnaissance de la Source infinie d'Amour et de Lumière de votre Monade. Le « soi » christique est le pont de Lumière entre la Monade et l'humanité. En méditant et en intégrant cette énergie, vous permettez au « soi » d'adombrer vos pensées. Par conséquent, vous choisissez de laisser aller la personnalité, l'ego et le mental pour vous relier à une vision et à une réalité plus vaste et éclairée, celle du « Je Suis ».

## Mercredi

La **divine Vérité** est celle du « Je Suis » en vous et du « Je Suis » collectif de l'humanité. Observez actuellement le mouvement qui ramène la vérité sur votre planète. Tout ce qui a été construit par une énergie de dualité, de division, d'exploitation et de domination se déconstruit afin de laisser apparaître la Vérité divine. Il n'y a plus de place pour la fausseté sur votre planète.

Vous êtes entré dans l'étape de la révélation. Vous constaterez, autour de vous, et dans vos vies personnelle, familiale et sociale, que vous ne pouvez plus maintenir vos illusions par rapport à ce que vous êtes. Ainsi, la divine Vérité, la Conscience, la transparence apparaît dans toute sa splendeur sur votre planète. Gaïa appelle ce mouvement et nous répondons avec vous à cet appel.

## Jeudi

Vous avez accès à la **Sagesse divine** par le canal de la connaissance, c'est-à-dire par votre Antahkarana, ce pont de Lumière qui s'abreuve à la Sagesse du « soi » universel. Faites valoir cette Sagesse dans vos décisions, vos pensées, vos actions et vos attitudes tout au long de la journée. Cette Sagesse prend une couleur et une fréquence particulière en concordance avec ce que vous vivez. Dans cette grande mutation planétaire où tout change, il est primordial de vous référer à la Sagesse divine à l'intérieur de vous.

Demandez à cette Source infinie de Lumière la manière d'appliquer cette Sagesse dans votre quotidien. Demandez-lui comment l'utiliser dans vos relations personnelles, de travail et dans tout ce que vous faites. Amplifiez cette Lumière en vous dans votre milieu et sur toute la terre.

### Vendredi

La **divine Vision** est celle du Plan divin qui entraîne une vision globale et cosmique. Elle vous permet d'aller au-delà des apparences afin de saisir le Plan divin qui se manifeste actuellement sur votre planète. Vous avez maintenant le choix de perpétuer les anciennes énergies de souffrance, de victimisation, de douleur et de limitation ou de choisir de vous brancher sur des pensées lumineuses et de réaliser le Plan christique sur terre.

Chaque pensée que vous émettez est porteuse d'une énergie qui vient soit grossir l'égrégore de l'inconscience et de la limitation, soit nourrir l'égrégore de plus en plus puissant de la Lumière qui porte les semences de la nouvelle Terre. Chacune de vos pensées, qu'elle soit exprimée ou non, chacune de vos paroles et chacune de vos actions sont porteuses de la manifestation.

### Samedi

L'**Unité** est le retour à l'UN. La vérité, la transparence de l'âme vous ramène au sens profond de l'Unité. À chaque instant, vous êtes sollicité afin de recréer l'Unité à l'intérieur de vous et autour de vous. Vous portez cette vérité. Unifiez-vous, bien-aimé !

Allez puiser dans la cinquième dimension, la sixième même, une vision éclairée. Vous avez accès à tout cela. Ce sont « vos » qualités divines, ce sont « vos » manifestations d'âme et elles sont prêtes à être actualisées. Que choisissez-vous ? La réponse est d'une extrême importance.

Nous vous invitons à aller pendant votre sommeil dans le Temple à l'intérieur de l'octaèdre, dans l'une des multiples salles où vous avez accès à toutes ces qualités, Visions divines et grandioses, de la Sagesse christique et cosmique.

Respirez profondément et, par la vibration du « A », intégrez ces qualités que nous venons d'énumérer et permettez à l'énergie cristalline de les ancrer en vous : « A... A... A... » *(son très vibratoire créé par le groupe)*

## La pratique des qualités divines : la clé de la transformation

L'accès à votre potentiel divin se vit par la reconnaissance des qualités divines en vous. Il est d'une extrême importance pour les éveiller de les reconnaître, de les invoquer, de méditer sur elles, de les approfondir et de les manifester. C'est la manière de transformer vos formes-pensées encodées dans les anciennes dimensions de limitations. Permettez à ces qualités, telles des fleurs, d'éclore en vous dans leur beauté.

Nous vous invitons, au besoin, à créer un tableau qui contient la liste de ces qualités afin que, chaque matin, lorsque vous vous regardez dans le miroir, vous puissiez faire face à la qualité du jour comme un rappel. Cela vous aidera à vous remémorer cette qualité afin de la manifester.

En plus des qualités précédentes, voici d'autres qualités que nous vous suggérons de pratiquer.

### Dimanche

La **divine Équanimité** représente la maîtrise de vos corps émotionnel et mental. Le seigneur Bouddha a appelé cette qualité la « voie du milieu ». C'est la capacité de vous auto-observer, en particulier, d'observer vos émotions. À cet égard, même si vos émotions sont des instructeurs sur votre chemin de vie, il s'agit, après les avoirs reconnues et accueillies, de les transmuter. C'est ainsi que vous complétez le cycle d'apprentissage et que vous revenez en équilibre dans votre centre qu'est l'équanimité.

Vos émotions viennent des formes-pensées et sont soutenues par elles. En prendre Conscience favorise la compréhension et l'arrêt du cycle du jugement et l'entreprise de la voie du milieu, l'équanimité, qui est celle de l'action dans la Conscience plutôt que de la réaction.

## Lundi

La **divine Félicité** est un état perpétuel d'extase porté par la Joie qui est l'une des caractéristiques de la cinquième dimension. Cette Joie profonde ne se laisse point perturber par le mental, l'émotionnel et le monde de la limitation, mais vous amène à être authentique avec vous-même et à accueillir ce qui est. Être dans votre vérité nourrit cet état de félicité et de sérénité, et votre état, doucement, se stabilisera.

Pour chaque Plan dimensionnel, vous avez sept étapes ou paliers. Autrement dit, ce sont des étapes où sont recalibrés vos corps énergétiques dans les nouvelles fréquences afin de permettre l'émergence d'un nouvel Être. Pour ce faire, vous avez à traverser chacune des étapes et à accepter un certain mouvement d'aller-retour pour arriver à l'équanimité qui est la stabilisation de votre état d'Être dans la Joie.

## Mardi

La **divine Prospérité** est avant tout un état d'Amour, donc un état d'Être. Vous avez l'habitude d'associer la prospérité au monde matériel et financier. Cela nous fait sourire, car vous avez encore beaucoup de croyances limitatives en ce qui concerne la prospérité. Vous avez des codes intérieurs vous faisant croire que vous n'y avez pas accès ou que vous ne méritez pas l'abondance. Cette notion est réductrice et ne tient pas compte que la prospérité est beaucoup plus vaste que cela. La manifestation de l'abondance matérielle ou financière dans vos vies n'est que le reflet d'un état d'Être où vous vous donnez tous les droits : le droit de vous aimer, le droit de créer, le droit de manifester vos vies, le droit de vous rappeler qui vous êtes et, par conséquent, le droit de rayonner l'Être. Voilà le sens de la prospérité.

## Mercredi

La croyance à l'**immortalité** et à la mort découle de votre parcours d'involution, tout comme la croyance au vieillissement et à la maladie. Ce sont des croyances limitatives. Vous êtes invité à défaire ces formes-pensées fort encodées dans votre subconscient. Vous avez construit tous vos systèmes, sociaux, médicaux et financiers et même vos assurances sur ces pensées de limitations.

La vérité est que vous avez dans votre potentiel divin la possibilité de vivre éternellement, à tout le moins de vivre plusieurs centaines d'années et même des milliers d'années dans le même corps. Certains de vos maîtres ont déjà vécu cela ; le maître Babaji incarné sur votre terre actuellement est la réalisation de cette créativité. Il a aussi la capacité de se dédoubler en plusieurs corps. Et il n'est pas le seul à pouvoir le faire.

En ce qui vous concerne, il s'agit avant tout de défaire les codes liés à la croyance que vous devez vieillir, être malade et mourir. Vous entrez maintenant dans tout votre potentiel illimité. Assurément, vous pouvez choisir de quitter ce corps et revenir dans un autre. Il n'y a point de jugement à porter sur ce choix. Certains maîtres ont choisi cela et d'autres maîtres le choisiront aussi pour de multiples raisons de service et d'expansion.

Entrez dans la Conscience que vous êtes immortel et qu'en cela vous avez la possibilité de régénérer votre corps et vos cellules et de guérir. La maladie, la dégénération cellulaire ou le vieillissement créent actuellement des distorsions dans votre capacité de vous manifester avec aisance, dans une santé radieuse et vibrante, dans un corps qui permet d'accomplir et de manifester votre mandat.

Ainsi, nous vous invitons à observer vos formes-pensées, et dès que vous faites face à une pensée telle que « je suis malade, je suis fatigué, je perds la mémoire, je suis vieux », effacez cette pensée de votre tableau mental et transformez-la.

Traquez comme un guerrier chacune des pensées limitatives. Approfondissez ce que signifie pour vous Être éternel. Nous croyons même que cela pourrait faire partie d'une réflexion sept jours par semaine. Le corps n'est qu'un véhicule, pourrait-on dire. Par contre, ce véhicule vous permet de vous réaliser actuellement. Choisirez-vous de quitter ce véhicule et de revenir sous la forme d'un fœtus, d'un nourrisson, d'un enfant et à nouveau de vivre toutes les étapes de l'école de la vie ? *(rires)* Vous avez le choix. *(Tout bas, une guerrière se fait la réflexion qu'elle ne voudrait pas retourner à la petite école, ne croyant certainement pas que Michaël l'entend. Et Michaël poursuit.)* Cependant, si vous choisissez de ne point revenir parce que vous n'aimez pas l'école *(éclats de rire)*, il y a là une petite difficulté ! Toute forme-pensée, exprimée ou non, se réalise.

*(rires)* Transmutez, guérissez les blessures reliées à votre choix d'être incarné. Vous me suivez ? *(« Oui », dit celle qui n'aime pas l'école.)* En cela, vous avez véritablement le choix, la liberté de choisir de poursuivre dans le même corps régénéré ou de manifester dans un autre corps. Non point par crainte ou par frustration, mais par Amour et Joie.

## Jeudi

La **divine Dévotion** vous amène à reconnaître et à honorer « Tout Ce Qui Est » : dévotion pour le Divin en vous et pour le Divin manifesté ou non. La dévotion est cette révérence à la vie. Révérer la vie signifie aimer, bénir et reconnaître que tout est sacré, sous quelque forme que ce soit, même s'il s'agit d'un insecte. Votre planète est considérée, par nous, des Plans cosmiques, comme l'une des plus belles de votre galaxie pour sa variété de créations. Révérez cette beauté avec dévotion, révérez la vie en vous, autour de vous et sous toutes ses formes.

Bientôt, vos frères des étoiles apparaîtront sur votre planète. Certains auront des formes que vous pourriez considérer comme inhabituelles. Préparez-vous ! *(éclats de rire, curiosité et question : « Comment nous préparer ? »)* Préparez-vous, cela est pour bientôt.

Révérez la vie sous toutes ses formes dans la dévotion à votre « Je Suis », à vos frères et sœurs, à votre mère Gaïa, à votre planète, à la vie manifestée en elle et sur elle. Oui, dévotion !

## Vendredi

C'est l'heure de la **divine Fraternité**. Laissez éclore en vous le sens de l'Unité. Manifestez l'Unité entre tous les peuples. Vous serez appelé à accueillir des frères et sœurs dans de nouvelles structures qui laisseront de côté les divisions, les territoires et les catégorisations. Votre terre en est une d'accueil pour toute la famille humaine et divine. Entraide, partage, reconnaissance des différences et respect entre les humains font partie de cette qualité divine, la fraternité. Établissez des ponts d'alliance, créez des ouvertures dans la reconnaissance des autres. Souvenez-vous que chacun des peuples de votre terre représente un aspect de vous.

**Samedi**

La **divine Perfection** permet d'englober toutes ces qualités et bien d'autres. Reconnaissez que cette perfection existe dans la semence du Dieu créateur qui est en vous, dans votre « Je Suis », dans votre « soi » christique. La perfection est. Cela inclut aussi la perfection d'être imparfait, bien-aimé.

À travers le cheminement, en tant qu'humain incarné, il est important, certes, d'avoir de la compassion pour vous-même dans vos imperfections temporaires. Ces imperfections vous permettent simplement de vous réajuster. Voyez la forme-pensée à l'origine de cette imperfection, le mouvement d'humeur, par exemple, et reconnaissez que cela fait partie du parcours d'apprentissage humain et divin.

Respirez profondément et demandez à toutes les cellules de votre corps d'accueillir la vibration de ces qualités à l'intérieur de vous avec le son du « A » accompagné du cristal : « A… A… A... »

Et dans le Temple divin, dans cette salle de la création, décrétez que vous reconnaissez maintenant en vous ces qualités divines afin de les manifester pour le plus grand bien de l'humanité et de votre Gaïa. Décrétez à voix haute : « Dans la Présence "Je Suis", du "soi" christique qui nous englobe tous, nous décrétons et revendiquons ces qualités divines à l'intérieur de nous afin de les manifester pour le plus grand bien de Gaïa et de toute vie. Ainsi en est-il. »

Bien-aimé, nous vous invitons aussi à joindre la vibration des anges et des archanges dans leur spécificité. Vous trouverez assurément des écrits, par exemple sur les qualités vibratoires de tel ange ou de tel archange. Vous en connaissez déjà plusieurs. En invoquant ces anges et ces archanges, demandez à ce qu'ils « impulsent » à l'intérieur de vous une transmission de leurs qualités divines.

En tout temps, vous pouvez accéder à ces Présences. N'hésitez pas à revendiquer leur accompagnement dans l'intégration et la reconnaissance de votre Être et de son potentiel divin. Ce faisant, vous vous associez ainsi à des Plans de grande Lumière dans l'octaèdre. Ce Temple est la Source de contact avec tous ces Plans, il est aussi un amplificateur de fréquences.

Nous suggérons aussi l'exercice d'intégration des qualités divines avec la respiration pranique. Par cette respiration, vous ouvrez toutes les portes que sont vos chakras et vous activez le Feu de votre hara qui est le centre de l'Être et de vos créations.

Allez dans votre « soi » pour recevoir la qualité du jour et l'intégrer par des lettres de Feu. Ressentez ou percevez que la qualité du jour, par exemple l'équanimité, s'inscrit en lettres de Feu dans votre Conscience par votre coronal, puis descend dans chacune de vos cellules. Vous constaterez qu'en utilisant le Feu créateur et la respiration, il est plus facile d'activer ces qualités à l'intérieur de vous et de les ancrer. Cependant, tout autre rituel est aussi juste. Suivez votre ressenti.

Bien-aimé, maître créateur, vous êtes un « ambassadeur de Lumière ».

Reconnaissez ce que vous êtes, reconnaissez la Lumière en vous, visualisez la Lumière dans vos cellules, dans vos chakras !

Revendiquez ces qualités divines à l'intérieur de vous, revendiquez ce potentiel, transformez vos formes-pensées et créez ce nouveau monde, cette nouvelle Terre !

Nous faisons appel à tous les humains, travailleurs de Lumière, guerriers, ambassadeurs de Lumière. Le moment est maintenant ! Par votre irradiation, vous permettrez à de nombreux Êtres de se reconnaître. Vous êtes appelé à entrer totalement dans votre mandat en tant qu'enseignant, en tant que guérisseur, en tant que pilier, en tant qu'enracineur, pont de Lumière, éclaireur, ambassadeur, créateur ! Le moment est venu !

Nous vous honorons et nous vous aimons d'un Amour infini, éternel, immortel.

En vous, moi, Michaël, je me reconnais. Nous sommes UN. Ambassadeur de Lumière, manifestons l'Amour et la Lumière sur cette Gaïa bien-aimée !

# Votre futur, éternel présent

## Alliance et Unité

Nous saluons le Divin en vous et saluons le principe féminin sacré, la Mère divine en vous et en Gaïa. Om Jai Jai Maa. *(« Om Jai Jai Maa. »)*

En réalité, cette rencontre en est une de célébration. Nous dirions même de « graduation » !

Ramenez tous les aspects de votre Être et vos extensions d'âme au centre de vous-même, dans ce cœur qui a la capacité d'inclure « Tout Ce Qui Est » et de reconnaître qui vous êtes.

Accueillez dans votre cœur les guerriers et les guerrières de Lumière de tous les Plans et accueillez-moi, Michaël, dans la profondeur de votre cœur, car là est ma demeure.

Accueillez mon double Divin, le principe féminin, Dame Foi, et voyez-la à mes cotés, dans votre cœur.

## La fin d'un cycle et le début du partenariat et de la maîtrise

Bien-aimé, guerrier de Lumière, n'êtes-vous point à vivre actuellement cet appel au changement à l'intérieur de vous ? N'êtes-vous point à vivre ces transmutations et ces mutations ?

En ce jour béni, nous sommes avec vous pour compléter un cycle. Il s'agit d'un cycle d'enseignements où nous vous avons transmis ce qui était juste pour vous guider, pour retirer les voiles de l'ignorance et pour vous accompagner dans l'éveil et la reconnaissance de votre Être. Nous vous avons amené à reconnaître le potentiel divin qui est présent en vous !

Nous vous avons transmis de nombreux enseignements, rituels et exercices en soutien à votre éveil. Il ne vous reste qu'à intégrer, à concrétiser et à manifester ces rituels et ces exercices dans votre réalité. Ainsi, un cycle se complète. Toutefois, vous savez que chaque cycle représente une mort de certains aspects de vous-même, de vos identités et de vos attachements afin d'entrer dans une nouvelle énergie et de renaître !

Nous vous invitons, bien-aimé, à prendre Conscience des différents cycles qui prennent fin dans votre vie, qu'il s'agisse d'une relation, d'une situation ou d'un état d'Être. C'est la façon « d'être au clair » avec vous-même et d'avoir l'énergie nécessaire pour entreprendre une nouvelle étape.

Souvent, vous ressentez d'une façon plus ou moins confuse que vous devez passer à autre chose. Et vous ne prenez pas le temps nécessaire pour remercier la vie et prendre conscience des enseignements et des apprentissages réalisés.

Pour accueillir les nouvelles vibrations qui descendent sur la terre, vous avez à être conscient des étapes initiatiques à franchir et à les actualiser. C'est la façon de couronner vos efforts, non seulement maintenant, mais aussi dans le futur.

Soyez clair avec vous-même, permettez à la Lumière de la Conscience supérieure d'illuminer ce qui est présent à chaque instant. Aussi, ne soyez pas triste. Il est certes humain, à la fin d'une étape, de ressentir une certaine nostalgie. Transformez-la en reconnaissance et en gratitude pour ce qui a été fait ! Transformez cette nostalgie en Joie. Vous êtes à l'étape de la cinquième dimension, celle de la maîtrise. Vous vous rappelez que la cinquième dimension est celle de... *(Michaël attend une réponse. « ...de la Joie », répond une guerrière.)* Bien sûr, de la Joie !

Par contre, nous vous le répétons, il ne s'agit aucunement de nier ou d'occulter vos émotions. Si vous ressentez un certain désarroi, accueillez-le, redirigez-le vers votre Conscience supérieure et ramenez le rayon christique de Lumière absolue à l'intérieur de vous pour absorber ce désarroi, cette confusion ou cette colère, peu importe. Vous nous suivez bien ? *(« Oui, c'est compris. »)*

Nous l'avons transmis, vous êtes à l'heure des choix. Vous avez suffisamment d'informations. Votre Sagesse est éveillée et votre Antahkarana, qui représente les perspectives multidimensionnelles de votre Être, est en action !

Il est toujours aussi important de poursuivre, tous les jours, l'exercice de l'Antahkarana, si cela est possible pour vous. Cet exercice vous permet un déploiement constant dans toutes les dimensions de votre colonne de Lumière. Cet exercice extraordinaire permet aussi à votre armure ou à vos corps de Lumière de percevoir et de recevoir les enseignements venant de différents Plans de Lumière. Vous êtes à l'étape d'intégrer et de manifester votre potentiel interdimensionnel en entrant de plain-pied dans votre maîtrise !

**Voilà ce qu'est cette nouvelle étape**

Nous parachevons aujourd'hui cette phase d'enseignement. Cependant, nous serons toujours présents, car nous sommes un dans l'énergie et nous pouvons vous assurer que vous nous ressentirez de façon encore plus palpable puisque nous vivons en vous.

Bien-aimé, cette « graduation » est tout simplement le signal que vous êtes prêt à passer à l'étape de l'intégration de la Lumière et de l'Amour en vous afin de manifester les qualités vibratoires qui font partie de votre quotient de Lumière !

**Vous êtes prêt !**

Votre quotient de Lumière est comme une banque multiuniverselle dans laquelle sont inscrites toutes les qualités et les vertus et tout le potentiel divin ! Revendiquez ces qualités et éveillez-les en vous. Intégrez ces enseignements. Appliquez-les. Manifestez-les. Vous êtes prêt !

Vous entrez maintenant dans l'étape du partenariat, celle de la cocréation avec nous, des Plans divins. Vous attendiez nos Présences sur votre terre. N'est-ce pas le cas ? Vous attendiez la Présence des maîtres sur votre terre ? Eh bien, vous êtes celui que vous attendiez. Certes ! *(Un étonnement et une Joie semblent émerger par des sons manifestés dans le groupe.)*

Vous vivrez l'expérience du partenariat. Nous serons présents à travers vous et certains d'entre nous se manifesteront dans un véhicule terrestre pour marcher à vos côtés, pour vous accompagner, pour être tout simplement dans cette nouvelle vibration que vous êtes à cocréer, celle de la Terre nouvelle, celle de l'Être nouveau.

## De guerrier à ambassadeur de Lumière

En ce jour glorieux, dans cet octaèdre, nous sommes nombreux des Plans de Lumière à vous remercier et à vous honorer pour ce que vous avez accompli jusqu'à maintenant.

Sachez, bien-aimé, qu'en assumant ces charges comme vous l'avez fait, la vibration chargée de lourdeur accompagnant le terme *guerrier* de Lumière est terminée. En accomplissant votre mandat, vous avez dépouillé et déchargé astralement ce terme de toutes les énergies associées aux mémoires depuis des temps millénaires où il y a eu effectivement des guerres, des batailles, vous détruisant avec des Épées, non point de Lumière, mais de métal.

Tout cela constituait un égrégore chargé de mémoires de destruction. Et comme vous avez assumé vaillamment de porter cette énergie de guerrier de Lumière, vous avez transmuté ces charges associées à la guerre sous toutes ses formes. Voyez la beauté de ce que vous avez accompli en assumant de façon responsable, avec vos frères et sœurs, la globalité de ces mémoires. Peu à peu, l'énergie de la guerre s'estompera sur votre terre.

Plusieurs humains ont également assumé la charge des jugements qui étaient portés sur le terme *guerrier*. On vous a interrogé : « Pourquoi vous appelez-vous "guerrier" de Lumière ? »

**Le guerrier de Lumière porte avec détermination, avec assurance, avec foi cette fréquence d'Amour pour transmuter dans le non-jugement tous les vestiges associés à cet égrégore du guerrier.**

Vous êtes prêt, maintenant, et cela est votre « graduation » à endosser le mandat en tant qu'ambassadeur et cocréateur de Lumière ! Aimez-vous cela ? **Cela est votre mandat, ambassadeur de Lumière.**

Et qu'est-ce donc qu'un ambassadeur de Lumière ?

C'est celui qui porte dans son cœur la même fougue, la même détermination, le même alignement, la même centration et la même responsabilisation qu'un guerrier.

Nous l'avons transmis à plusieurs reprises, il ne s'agit point d'agir pour agir. Il ne s'agit point d'entrer dans le faire, qui est l'apanage de l'ego. L'ego veut toujours faire et s'activer. Il ne s'agit point de cela, bien-aimé, vous le savez.

Il s'agit d'être et de rayonner l'Être que vous êtes ! C'est ainsi que vous devenez un ambassadeur de Lumière. Vous portez la Lumière, vous l'intégrez, vous la rayonnez et vous l'offrez.

## Vous entrez maintenant dans l'aspect féminin du service

En tant que guerrier de Lumière, certes, vous avez servi par l'Épée, nourri par l'Amour et par le Bouclier de la Sagesse. Toutefois, vous avez servi dans une énergie plus yang, masculine, afin de défaire les égrégores de l'ombre.

Dans votre Conscience et dans la Conscience collective, vous avez décristallisé, nettoyé et purifié. Vous avez accompli beaucoup, sachez-le. Dans la pureté de votre cœur, vous avez accompli l'action juste, celle du guerrier déterminé à servir la Lumière et l'Amour.

Vous entrez maintenant dans une ère de plus grande aisance. Êtes-vous surpris de cela ?

Allez au-delà de l'apparence, pénétrez plus profondément et ressentez dans votre cœur l'étincelle de Joie qui est présente dans votre « Je Suis ».

Ehyeh Asher Ehyeh. *(« Ehyeh Asher Ehyeh. »)*

Ehyeh Asher Ehyeh *(dit très bas par Michaël, ce qui est très enveloppant).*

Ehyeh Asher Ehyeh (*dit Michaël en chuchotant).*

Je suis tout cela. *(« Je suis tout cela ! »)*

Vous êtes tout cela *(dit avec douceur le seigneur Michaël).*

## Créez des ponts d'alliance, tel est votre futur

Ambassadeur de Lumière, poursuivez votre mandat. Le mouvement du guerrier de Lumière se poursuit sous une autre forme, porté avant tout par une énergie d'inclusion et d'Amour, soutenu par le Divin en vous qui se reconnaît, s'extériorise et se manifeste. C'est l'aspect sacré de l'énergie féminine ! Portez l'alliance ! Offrez des alliances !

Vous avez créé des ponts de Lumière, des triangles de Lumière entre les peuples, entre les pays, entre des situations et les lieux. En tant qu'ambassadeur et cocréateur de Lumière, avancez sur votre chemin et permettez que se déploie une énergie d'Amour inconditionnel qui invite chacun de vos frères et sœurs, chacun de vos pays, chacun de vos lieux et chacun de vos règnes à se reconnaître dans l'alliance.

Pour recréer l'Unité entre les peuples, l'énergie de l'alliance doit être présente. L'alliance est constituée d'une offrande de respect, de la reconnaissance des uns et des autres, dans les différences et les particularités de chacun des peuples et dans celles de chacun des humains. L'énergie d'alliance est habitée de la qualité de compassion. Vous vous rappelez la compassion ? Comprendre l'autre avec la passion de la Conscience, vous comprendre vous-même avec la passion de votre Sagesse et de votre Lumière.

Alliance entre les aspects de votre Être, alliance avec votre Flamme jumelle, qui est prête maintenant à s'harmoniser avec vous afin de manifester l'Unité. Le thème de la complétion se répète. Un nouveau cycle ou une nouvelle étape est commencée, celle de vivre la Vie divine sur cette terre : une vie imprégnée des énergies de la cinquième dimension, qui est Joie, Reconnaissance entre les humains, Fraternité divine, Compassion, Paix, Équanimité, Éternité dans l'Unité.

Votre futur se crée maintenant. Vous le savez. Il se crée à chaque instant. Entendez bien, à chaque instant, bien-aimé ! Vous entrez de plus en plus dans cette dimension où le temps linéaire n'existe point. Déjà, vous expérimentez dans votre quotidien une compression du temps, n'est-ce point le cas ? Vous avez souvent l'impression de n'avoir pas eu le temps d'accomplir dans une journée ce que vous vous étiez proposé de faire. Oubliez cela et entrez dans ce point d'éternité, d'immortalité qu'offre la porte de l'instant présent.

Vous saurez trouver les solutions à l'intérieur de vous.

Dans cette Sagesse infinie, dans votre multidimensionnalité, dans l'octaèdre qui est votre outil d'éveil et d'ascension, vous pouvez puiser toutes les Sources d'information possibles, car elles vous sont offertes. Vous saurez trouver la vision juste, celle qui crée et créera les nouvelles formes, la nouvelle Terre ; celle qui naîtra du nouvel Être que vous êtes.

Il y a en ce moment sur Gaïa de grands mouvements. Cet appel de Gaïa à tous ses enfants se fera de plus en plus pressant et de plus en plus clair afin qu'ils reconnaissent qui ils sont vraiment. Gaïa s'exprime par ces bouleversements, comme vous le savez. Ne les craignez point. Rappelez-vous que l'énergie de la peur appartient, comme celle du doute, à votre passé. Entrez de plain-pied et de tout votre Être dans les énergies nouvelles.

Ambassadeurs et cocréateurs de Lumière, vous êtes prêt à créer votre nouvelle réalité !

## Engagement et expansion de l'énergie du cœur

Actuellement, nous pouvons vous assurer que dans la Conscience collective de l'humanité, beaucoup d'êtres humains s'ouvrent à cette énergie d'alliance. Chaque jour, à chaque instant, il y a des êtres qui se lèvent et qui s'éveillent et des êtres qui répondent à l'appel : guerriers, ambassadeurs ou créateurs de Lumière. Peut-être serez-vous surpris d'apprendre que plusieurs humains sur la terre ont répondu positivement à l'appel et que de nombreuses prédictions qui avaient été faites ne sont plus à l'ordre du jour. Vous le saviez ?

Ainsi, ne craignez point. Gaïa vous transmet, par moi, Michaël, que par Amour pour tous ses enfants, dans ce mouvement d'alliance, elle entend vos appels, vous reçoit dans son cœur, de cœur à cœur, et qu'elle allège et allégera les bouleversements dans la mesure de ses possibilités afin que vous puissiez franchir cette étape et entrer sur la nouvelle Terre avec le plus d'aisance possible. N'est-ce point cela que vous choisissez de créer avec elle ?

Rappelez-vous, bien-aimé, que pour créer la nouvelle Terre, vos « formes-pensées » demandent à être conscientes à chaque instant. Surveillez vos pensées ! Il est de première importance de prendre position et de décréter que vous donnez maintenant votre pouvoir uniquement à votre « soi » christique. N'est-ce point le cas ? *(« Oui. »)* N'est-ce point le cas ? *(Demande plus forte de Michaël et réponse : « Oui ! »)* Est-ce là un engagement ? *(« Oui ! »)*

La Force de cet engagement guidera vos pensées et, par conséquent, vos actions et vos créations. Vous créez votre futur à partir de maintenant. En réalité, il n'y a pas de futur, nous le répétons, il n'y a que le maintenant. Tous les humains sont grandement invités à vivre le moment présent dans la Joie, la reconnaissance et l'accueil de ce qu'ils sont.

Aussi, accueillez les émotions qui sont présentes. En choisissant de reconnaître vos émotions dans votre « soi » supérieur, vous connaîtrez à la fois, peut-être, un moment de peine et aussi un moment de Joie, celle de savoir que vous êtes le maître, la Joie de reconnaître que vous êtes totalement responsable de votre vie et de votre création.

Nous vous invitons en tant qu'ambassadeur et cocréateur à entrer avec plus d'élan dans votre créativité en reconnaissant vos dons, car vous avez des dons. Et vous avez reçu et recevrez encore de nombreuses grâces à travers nos vibrations, nos enseignements et nos Présences.

Avancez dans les nouvelles énergies et reconnaissez qui vous êtes. Demandez à votre Conscience de vous révéler de façon claire et précise les dons qui doivent être mis de l'avant afin d'agir de façon juste et de permettre à votre créativité de se manifester. Créez des associations en partenariat avec d'autres. Reconnaissez les Forces en vous et associez-les. Unifiez-vous et créez ! Créez, créez en Conscience, créez !

Soyez à l'écoute des enfants. Créez des espaces afin que ces enfants puissent s'exprimer dans la reconnaissance de leur Être profond. Plusieurs d'entre eux portent l'énergie du partenariat afin de vous accompagner.

Voyez, bien-aimé, que maintenant toutes vos rencontres, et non seulement celles des membres de votre famille d'appartenance, se font sur le plan de l'âme. Ambassadeur de Lumière, nous vous invitons à percevoir chez tous les Êtres que vous côtoyez la Lumière et l'Amour qui habitent leur âme.

La quête de l'Amour emprunte différents chemins, lesquels se manifestent, souvent, à travers les blessures reflétées par la personnalité. Allez au-delà des apparences et entrez en contact vibratoire avec l'âme de ces Êtres. Vous observerez alors rapidement une transformation, car vous aurez créé un pont d'alliance vibratoire entre votre cœur et le leur. Il en est de même pour les pays et les situations. Il n'y a pas de limites à l'expansion de l'énergie du cœur sur votre planète. Soyez-en conscient, portez-la et créez !

Nous vous invitons aussi à vous regrouper afin d'intégrer plus profondément nos enseignements. Nous serons alors présents pour répondre à vos questions et pour vous aider à ancrer cette vibration d'ambassadeur et de cocréateur avec vous sur la terre.

Bien-aimé, comment résonnez-vous à cet enseignement ? Avez-vous des questions ?

## Questions des guerriers présents lors de la canalisation

*« J'ai une question un peu hors contexte, cher Michaël. J'aimerais savoir quelle attitude nous devrions avoir en ce moment au sujet du déversement du pétrole dans le golfe du Mexique*[20]*. Notre chère Mère Terre saigne. Pourquoi cet événement et que devons-nous faire, s'il vous plaît ? »*

Nous percevons que plusieurs travailleurs de Lumière tentent actuellement, en toute innocence, d'arrêter ce mouvement. Vous avez raison. Gaïa saigne. Toutefois, Gaïa a choisi cela. Pourquoi l'a-t-elle choisi ? Afin d'amener de façon claire et juste la vision de ce qui a été créé sur la terre à travers cet égrégore appelé le « pétrole » ! Elle saignera tant que les humains qui sont un « peu têtus » auront besoin d'être réveillés *(rires du groupe)*, surtout lorsqu'il est question d'intérêt personnel et, encore plus, lorsqu'il y a un attachement à ces intérêts personnels.

Voyez aussi que les règnes animal, végétal et même le règne minéral, en somme, tous les règnes, ont accepté avec Gaïa d'offrir leur vie pour créer cet appel à la Conscience chez les humains.

Observez que de plus en plus d'Êtres s'éveillent et frappent à la porte de vos gouvernants pour indiquer que cela n'a plus lieu d'être. Avez-vous observé ce fait ? Les mouvements d'alliance se créent pour reconnaître et demander que soit reconnue l'utilisation de nouvelles énergies. L'énergie du pétrole a servi, jusqu'à maintenant, sous diverses bannières, diverses formes, divers intérêts. Voilà que le sang de Gaïa sert encore, et cette fois dans un appel à l'éveil pour apporter de nouvelles solutions et une vision éclairée vers l'utilisation des ressources moins esclaves de certains intérêts.

Il est important d'accompagner le mouvement de Gaïa dans l'Amour, dans la Lumière et, certes, de lui offrir l'énergie de votre cœur. En étant

---

20. La question concerne le déversement de pétrole survenu en 2010.

conscient des mouvements de la Terre, vous la soutenez de façon inconditionnelle. Il est important d'entourer d'Amour les règnes végétal, animal et minéral qui expérimentent actuellement, eux aussi, la destruction pour renaître sous de nouvelles formes et révéler de nouvelles énergies. Accompagnez les actions de Gaïa sans tenter de lui indiquer ce que, dans sa grande Sagesse, elle sait devoir accomplir.

Certes, imprégné d'Amour et de reconnaissance, honorez Gaïa, honorez ses éléments, remerciez-les et permettez-leur de vivre leur mutation tout comme vous êtes aussi à vivre la vôtre. Que la Volonté de Dieu soit faite ! Rappelez-vous que Gaïa est divine, rappelez-vous que Gaïa est Dieu tout comme vous êtes Dieu. *(Un long silence se produit. Tous les guerriers du groupe semblent intégrer la profondeur de ces mots.)*

*« Cher Michaël, j'aimerais revenir sur l'intégration des outils. Puis-je le faire maintenant ? Vous disiez qu'il est temps pour nous d'appliquer les outils que vous nous avez enseignés et que nous pouvons le faire par différents exercices. Cependant, est-ce que vous auriez certaines idées à nous proposer pour susciter des formes d'application à travers nos talents pour nous-mêmes et aussi dans le but de "transmettre" ? »*

Certes ! Nous vous suggérons, entre autres, de poursuivre les associations à travers les regroupements chapeautés par les piliers[21] en régions. Nous remercions et invitons ces piliers à devenir encore plus créatifs. Nous vous invitons à vous exprimer. Rencontrez d'autres personnes, créez de petits groupes, des associations, exprimez vos besoins et vos Forces et voyez comment vous pouvez cocréer. Cela peut prendre différentes formes. Le voyez-vous ?

Nous vous invitons, bien sûr, à recourir aux enseignements que nous vous avons déjà transmis. Prenez également en considération les exercices et les rituels que nous vous avons offerts. Ils accompagnent merveilleusement l'Être dans sa reconnaissance et son expansion. Intégrez cela.

Actuellement, il n'y a rien de plus important que votre éveil. Laissez aller toutes les contingences reliées à la troisième dimension, que ce soit le besoin de paraître, le besoin du succès, les besoins de la personnalité,

---

21. Ambassadeurs et ambassadrices qui prennent la responsabilité d'organiser des pratiques mensuelles dans leur région afin d'intégrer et de répandre les enseignements de Michaël.

de l'ego ou du mental inférieur. Vous vivez une étape cruciale où vous pouvez vous réaliser. Cependant, vos choix doivent être clairs et votre alignement, constant. Ce choix demande à être privilégié dans votre Être et dans votre quotidien. Assurément, vous devez vous entraîner afin de transmuter votre personnalité et votre mental inférieur.

Sachez qu'en tout temps, vous pouvez inviter le mental inférieur avec beaucoup de Douceur et d'Amour à monter dans la Conscience supérieure de votre « soi » supérieur. Invitez les aspects encore récalcitrants de votre Être à baigner dans l'Amour, car le temps de la guerre est terminé, le temps de la dualité est terminé. Alliance ! Alliance entre les différents fragments de vous-même et, par conséquent, alliance avec tous les frères et sœurs de la terre !

## Activation de la semence du potentiel divin

Nous allons maintenant vous offrir, si vous l'acceptez, une grâce particulière, celle de l'activation de la semence du potentiel divin dans votre cœur. Êtes-vous prêt à cela ? *(« Oui. »)*

Nous allons vous inviter un à un devant nous afin que nous vous transmettions à travers la messagère une vibration spécifique à partir du rayon Bleu, rayon de Feu, que je vous offre, moi, Michaël. Cela doit se faire rapidement. Nous vous invitons à vous présenter à tour de rôle.

*(Une première guerrière ambassadrice se présente et demande comment elle doit se placer pour recevoir cette vibration. Michaël lui dit doucement de se placer à genoux près des genoux de la messagère. Puis, chacune des personnes se présente et, par l'intermédiaire de la messagère, Michaël lève les bras pour faire descendre son rayon Bleu et termine avec un Souffle au-dessus de la tête de chacun, suivi du décret Ehyeh Asher Ehyeh dit à voix basse à l'oreille. Chaque personne répète le décret et remercie le seigneur Michaël. À la fin, s'adressant au groupe, Michaël décrète à voix forte :* « Adonaï Tsébayot ! Adonaï Tsébayot ! Adonaï Tsébayot ! Par le saint nom de Dieu qui vit et vibre en vous ! Cela est accompli. Que ce potentiel divin illimité s'éveille en vous. Il en est ainsi. »*)*

Sachez, bien-aimé, que mon Épée de Sagesse est maintenant ancrée dans le cœur même de Gaïa. Elle y restera jusqu'à ce que le cycle de l'ascension de Gaïa soit complété ainsi que celui de tous ceux qui choisissent et choisiront de l'accompagner dans ce mouvement de Lumière et d'Amour.

Ainsi, l'Épée de Lumière se fait jour sur votre terre, la vérité n'ayant plus à apparaître derrière des voiles puisqu'ils sont désuets. Ils seront décristallisés un à un jusqu'à ce que la Lumière totale et absolue soit ancrée dans le cœur même de Gaïa. Ma Présence est éternelle en vous, sur votre terre et dans tous les univers.

Namaste, bien-aimé. *(« Namaste. »)*

Om Jai Jai Maa. *(« Om Jai Jai Maa. »)*

Nous vous disons à bientôt. *(« À bientôt, Michaël. »)*

À toujours. *(« À toujours. »)*

Nous remercions tous les êtres qui ont permis l'accomplissement de ce cycle, tout particulièrement les ancreurs, les transcripteurs, les enracineurs, les organisateurs ainsi que vous, y compris les lecteurs, qui avez participé à ces rencontres avec l'ouverture de votre cœur.

Nous vous honorons, nous vous aimons et nous vous remercions. Nous remercions Gaïa pour l'Amour inconditionnel qu'elle prodigue à chacun de ses enfants, montrant par ce geste sa Lumière à toute la galaxie afin que d'autres planètes suivent son chemin, celui de l'étoile rayonnante !

*(Fin des séances publiques de l'archange Michaël. Chacun des guerriers de Lumière présents est devenu ambassadeur et cocréateur de Lumière sur la terre.)*

## Les divines alliances

### Canalisation de Michaël devant un groupe de l'île de la Réunion en visite à Montréal

Je suis Michaël.

Respirez profondément. Accueillez nos vibrations, la mienne, ainsi que celle de votre mère Gaïa. Exprimez votre Amour pour elle et recevez l'Amour qu'elle vous porte. Ce geste conscient de réciprocités nourrit le Temple merveilleux qu'est votre corps.

En effet, votre corps est un Temple et le processus d'éveil passe par la Conscience de votre corps, d'où l'importance de l'enracinement et de la nécessité de respecter et d'honorer votre véhicule.

**Méditation sur les alliances**

Respirez profondément. Prenez Conscience de ma Présence ainsi que de celle de mon double Féminin, Dame Foi. Om Jai Jai Maa. *(« Om Jai Jai Maa », répète le groupe.)*

Cette Invocation est une façon de reconnaître le principe féminin sacré en vous, sur votre planète et dans tous les univers. Cette reconnaissance quotidienne est vitale pour créer la nouvelle Terre. De plus, nous vous invitons à entrer chaque jour à l'intérieur de votre cœur afin d'honorer, de respecter, d'unifier et d'harmoniser le Féminin et le Masculin sacrés en vous et, ce faisant, permettre l'alliance entre ces deux polarités.

Fermez les yeux et respirez profondément dans le Temple de votre cœur. Nous allons délicatement ajuster votre taux vibratoire afin que vous puissiez percevoir qui vous êtes réellement: Amour et Divinité, énergie du cœur relié à vos racines et à votre « soi » christique.

Respirez profondément. Unifiez-vous. Appelez tous les aspects de votre Être, les extensions de votre âme et de votre Flamme jumelle. Reconnaissez et aimez les aspects de votre personnalité qui sont délinquants et récalcitrants. Appelez-les dans le Temple du cœur sacré, ce grand Temple alchimique où tout est transmuté. Accueillez-vous tel que vous êtes et créez des liens avec tous les aspects de votre Être.

Respirez profondément. Voyez maintenant l'octaèdre, cet outil d'ascension qui est un relais entre les mondes. Voyez les quatre piliers archangéliques, nos frères bien-aimés, Gabriel, Uriel, Raphaël et moi, Michaël. Ces quatre pôles représentent la base sur laquelle reposent les deux pyramides de cet octaèdre de groupe qui bénéficie d'un très haut taux vibratoire.

Prenez Conscience qu'au-dessus de vos têtes, en plein centre de ce rassemblement, apparaît un point lumineux porté par l'archange Métatron, créateur des mondes de Lumière. Observez, bien-aimé, que cet octaèdre est aussi en vous, dans l'Unité de votre Être.

Maintenant, voyez sous vos pieds, en plein centre du groupe, un autre point lumineux porté par l'archange Sandalphon. Cet Être est en lien avec tous les devas ainsi qu'avec tous les guerriers de Lumière intraterrestres.

Respirez profondément et créez des alliances entre les Êtres lumineux de tous les Plans qui sont ici présents : les anges, le maître dauphin et les Êtres galactiques en provenance de Sirius, d'Acturus et des Pléiades. Laissez entrer ces vibrations dans votre cœur, laissez entrer la Joie !

Ce jour en est un de célébration !

Des Êtres solaires sont présents. Des Êtres de Lumière sont présents. C'est jour d'alliance, de réunion, de reconnaissance des âmes ! Célébrons !

Respirez dans l'Être. C'est votre état naturel ! Amenez votre humanité dans cet état d'Être. Fêtons !

## Le pays de la Puissance de l'ancrage : l'Afrique

Peut-être que certains se rappellent qu'il y a fort longtemps, lorsque nous avons commencé notre mandat, nous avions émis le souhait que nos enseignements se rendent jusqu'en Afrique. Vous rappelez-vous cela ? *(« Oui. »)* L'Afrique est aujourd'hui ici grâce à la Présence de certains émissaires qui sont des ambassadeurs de Lumière. Nous les honorons. Leur Présence symbolise les changements et les transformations qui viendront de ce continent puisque ces êtres portent un mandat spécifique personnel et collectif pour la terre. En effet, plusieurs transformations seront possibles grâce à l'ancrage des êtres qui ont choisi de s'incarner en Afrique et de plusieurs humains qui ont déjà vécu des incarnations en Afrique. Tous, vous portez l'énergie des tambours qui favorise la capacité de vous ancrer, ce qui facilite le transfert de l'énergie du corps et celle des pieds à la terre. Et ressentez jusqu'à quel point la Puissance de cet ancrage résonne profondément dans le cœur de Gaïa.

Chaque nation ou pays a une mission ou un mandat spécifique. Voilà pourquoi il est si important, maintenant, de reconnaître les spécificités énergétiques et spirituelles de chacun des peuples et de chacun des pays. C'est ce qui justifie le thème de l'alliance dont nous traitons aujourd'hui, car dans le mot *alliance*, on reconnaît les mots *alliés*, *lier* et *relier*. De merveilleux termes !

En réalité, cette rencontre est une possibilité de recevoir une semence énergétique spirituelle qui prend racine dans votre cœur, dans votre Conscience, dans vos pieds. Le thème de l'alliance est une façon de percevoir et de reconnaître que toute l'humanité, vous, sœur et frère, formez une seule grande et merveilleuse famille d'âmes. Vous avez choisi de vous incarner en ces temps précis parce que vous avez choisi de vous éveiller et de reconnaître le Divin en vous afin de créer et de manifester la nouvelle Terre. Cela ne peut s'accomplir que dans l'Unité. Vous le savez.

Pour créer cette Unité, bien-aimé, vous devez reconnaître l'énergie de l'alliance en vous et autour de vous, la vivre, en vous ouvrant aux autres et en saisissant toutes les possibilités que vous offre la vie pour créer des liens entre vous, frère ou sœur de la terre.

## Rituel de la reconnaissance de l'alliance

Respirez profondément. Que la vibration de nos paroles touche votre cœur !

Ouvrez-vous à cette reconnaissance de la grande famille. Ouvrez votre Bouclier et permettez-lui de rejoindre celui de tous les Êtres ici présents ainsi que celui de tous les guerriers de tous les Plans.

Encerclez Gaïa par les rayons de votre Bouclier unifié à ceux des autres personnes présentes. Qu'ils viennent toucher le cœur de chacun de vos frères et sœurs, partout sur la planète. Respirez profondément.

Tout doucement, de votre cœur, faites résonner le mantra « OM » comme une offrande à vos sœurs et frères et une invitation à reconnaître l'Unité et l'alliance en eux : « OM... OM... OM... » *(son prolongé par le groupe)*

Voyez apparaître et descendre de la géométrie sacrée le nombre 8, « impulsé » par Maître Nada et Dame Foi à l'intérieur de l'octaèdre. Il s'agit d'une énergie féminine d'alliance et de fluidité, une fréquence qui porte l'inconditionnel et l'illimité de votre cœur et de votre potentiel divin.

Respirez et accueillez ce symbole à l'intérieur de votre cœur. Laissez-le se mouvoir à l'intérieur de vous et rassemblez tous les aspects de votre Être en recréant l'Unité. Laissez ce symbole se mouvoir aussi autour de vous, rassemblant vos sœurs et frères, rassemblant les peuples, les pays. Chacun des pays représente une cellule de Gaïa.

Respirez profondément. Portez ce mouvement en vous, bien-aimé. Nous sommes si heureux d'avoir la chance, en ce jour béni, d'Être avec vous dans cette ouverture qu'est l'alliance entre les Plans.

## Créez concrètement cette alliance en vous-même et pour tous les peuples de la terre

Comment se fera concrètement cette alliance dans vos journées et dans votre réalité physique qui n'est plus ce qu'elle était ? Cette réalité, en fait, est devenue à la fois physique, énergétique et spirituelle ! Comme tous les humains sont dans une élévation vibratoire planétaire, ils ont tous la possibilité de joindre les niveaux de Conscience des quatrième, cinquième et, pour certains, sixième dimensions. Vous portez ce changement, vous l'appelez et le manifestez, car vous êtes cocréateur de votre réalité.

Chaque journée, chaque minute de votre temps compte. Alors, que choisissez-vous de créer ? En vérité, le temps est une notion encore associée à la troisième dimension. Quoi qu'il en soit, nous pouvons vous certifier que votre liberté de choix est une faculté que vous devez reconnaître et exercer à chaque instant.

Plusieurs humains, qui ont déjà choisi la Lumière, se demandent pourquoi ils vivent encore tant de souffrances ? Eh bien, vous avez rêvé que choisir la Lumière ferait en sorte que la Lumière apparaisse comme par miracle, du jour au lendemain. Rappelez-vous que, dans un processus de réunification, il est nécessaire de réunifier tous les aspects de vous-même, incluant ceux qui vibrent dans une fréquence plus lourde.

Ces fragments se sont distancés de votre Être divin croyant en être séparé. Ces aspects chargés d'empreintes et de mémoires ont créé une contraction dans votre réalité en produisant un « ancrage », pour ne pas dire une fixation futile et inutile. Cela est une illusion qui a encore cours dans votre monde terrestre.

Joignez ces aspects en fermant les yeux. Peut-être ressentirez-vous que, dans vos corps émotionnel, mental et éthérique, certains points sont fixés. Il s'agit de mémoires qui n'évoluent plus, qui ne créent plus de mouvements semblables à un ancrage. Ils ne sont plus nourris par le Feu de votre Être christique. C'est la raison pour laquelle votre être est fragmenté.

Il ne s'agit pas ici d'un jugement. Il s'agit simplement de transmettre ce qui est approprié afin que vous ayez une vision juste dans votre cheminement de Lumière.

Que signifie « être fragmenté » ? Cela signifie que depuis l'une ou l'autre de vos incarnations, dans ce monde-ci ou dans un autre, la personnalité s'est crue séparée du Divin et a développé des schémas répétitifs associés, bien sûr, à l'ego, à l'identité, en somme. Dans ce mouvement ascensionnel, plus vous appelez la Lumière, plus ces aspects fragmentés apparaissent à votre Conscience et souvent par votre corps.

Pour sortir de ce cercle répétitif, vous devez d'abord respecter et honorer votre corps, entendre ses messages et suivre son mouvement. Ces charges remontent généralement lorsque vous vivez certaines situations ou que vous rencontrez certains êtres qui ont l'art de venir réveiller vos mémoires. Ces phénomènes, que vous connaissez bien, continueront à se produire de plus en plus souvent, car, bien-aimé, vous êtes en processus accéléré d'apprentissage. Ne soyez donc pas surpris si vous attirez des situations conflictuelles. Elles se manifestent simplement pour que vous appreniez à les accueillir.

Vous portez aussi, en tant qu'ambassadeur de Lumière, le mandat de libérer les liens karmiques intergénérationnels. En vous incarnant, vous avez accepté d'actualiser ces liens karmiques. Ne créez point de doutes ou de jugements sur vous-même ni de honte, de dévalorisation ou de comparaison, car vous avez choisi ce qui se présente à vous. Ayez de la compassion, bien-aimé, envers vous-même et envers ce qui se présente. Acceptez de vous relier à ces aspects moins lumineux de vous-même, parce qu'ils sont aussi des fragments de votre Être.

Ramenez ces aspects dans votre cœur christique, qui est une Source d'Amour inconditionnel, afin de les dégager des lourdeurs mémorielles, des croyances et des codes qui y sont associés. C'est aussi cela, créer l'alliance.

Il est parfois difficile pour certains travailleurs de la Lumière d'accepter qu'ils aient encore à porter ces manques et ces lourdeurs. Ne soyez pas malheureux, car nous sommes ici aujourd'hui, en ce jour de fête, pour vous signifier que cela est une bonne nouvelle. *(rires)* Nous vous invitons à vous départir de vos « autojugements ». Plus vous vous accueillez, plus vous vous reliez et plus vous vous unifiez.

Accueillez et accueillez, bien-aimé !

Comme vous le savez déjà, il est temps de laisser aller toutes formes de dualité pour retrouver l'Unité. Pour retrouver cette Unité, vous créez des ponts d'alliance avec ces fragments d'Être et des ponts avec les Êtres autour de vous.

Ouvrez votre cœur pour vous-même. Aimez-vous dans tous vos aspects. Accueillez-vous. Reconnaissez-vous. Transmutez !

Vous avez déjà en main de nombreux outils de transmutation. Utilisez-les. Il est important de vous accorder, chaque jour, des moments de silence pour véritablement vous accueillir. Il est essentiel de vous positionner dans votre « soi » christique qui est la seule façon d'accueillir positivement les lourdeurs grâce à une Conscience éclairée et à un Amour inconditionnel. C'est un choix qui demande à être répété à chaque instant. Vous le comprenez ?

Ce choix est nécessaire afin que l'ego auquel vous avez donné beaucoup de pouvoir, ne puisse pas reprendre sa vitesse de croisière en tentant de vous ramener dans ce qui est connu. Observez-vous avec bienveillance et avec humour *(rire de Michaël)*, car l'humour est une qualité cosmique, une qualité divine. Plus vous endosserez cette qualité, plus il vous sera aisé de ne pas prendre tant au sérieux l'ego et la personnalité !

Afin de mieux endosser vos qualités divines et de reconnaître que cela fait partie de votre potentiel divin illimité, nous vous invitons à faire cet exercice.

## Rituel pour revendiquer votre potentiel divin

De nouveau, prenez Conscience du Temple sacré de votre cœur. Respirez profondément et déposez-vous dans votre Présence Divine. Ouvrez le Bouclier d'Amour et invitez tous les fragments de votre être à revenir à l'intérieur du cœur. Créez un premier pont et communiquezleur que vous êtes prêt maintenant et dans les jours qui suivront à les accueillir dans l'Amour, la Bienveillance, la Compassion, la Sagesse, la Conscience et la Lumière.

Rassurez ces fragments. En vivant le retour à la maison, ils vivront un repositionnement dans les énergies supérieures d'Amour, dans un mandat différent, celui de servir l'Être.

Respirez profondément. Demandez aussi aux mémoires intergénérationnelles de se présenter au moment juste, et vivez ce moment comme un véritable rendez-vous du cœur.

Il n'est plus nécessaire de souffrir. Vous êtes un peu comme cet animal que vous appelez le « serpent » qui mue et qui laisse apparaître un nouvel être lorsque l'ancienne peau disparaît *(rires du groupe)*. Vous êtes en pleine mutation, bien-aimé ! Laissez aller ce corps de souffrance avec toutes ses empreintes et ses charges.

Vous avez une perception qui est plus ou moins juste de ce que vous êtes. Vous n'êtes pas la souffrance, vous n'êtes pas la lourdeur, vous n'êtes point la dualité.

Vous êtes Amour et Lumière ! Vous êtes «Tout Ce Qui Est». Vous êtes divin !

Respirez profondément et descendez votre énergie et votre Conscience dans votre hara, le Temple de la manifestation. C'est le Temple de l'Être.

Nous vous invitons à utiliser la respiration pranique, la respiration du hara, du diaphragme, comme un soufflet pour aller dans les Plans causals chercher la fréquence vibratoire de l'Amour inconditionnel.

Nous vous accompagnons dans cet exercice de revendication de votre potentiel divin ! *(Début de cette respiration saccadée exercée pendant un certain temps. Puis, en accéléré.)*

Élevez vos bras vers le Plan causal *(dit Michaël pendant la respiration)* et allez chercher cette qualité vibratoire qui vous apparaît maintenant en lettres de Feu : « Amour inconditionnel ».

Reprenez une profonde inspiration. Cette qualité est « impulsée » du Plan causal, par moi, Michaël, et tous les Êtres de Lumière.

Respirez et accueillez la vibration de ces lettres de Feu qui descendent dans le chakra de la couronne, le troisième œil, puis le chakra laryngé, le chakra du cœur, le plexus, le hara et le chakra de la base.

Laissez vibrer en vous ces fréquences et laissez-les se reposer dans le chakra de la base et, de ce chakra, laissez-les descendre dans vos trois racines, pieds et coccyx, pour les offrir à Gaïa et à vos frères et sœurs.

Répétez : « Amour inconditionnel. » *(« Amour inconditionnel. Amour inconditionnel. Amour inconditionnel. » Et plusieurs fois encore.)*

Respirez profondément. Laissez vibrer toutes vos cellules et tous vos corps dans l'accueil.

Utilisez maintenant le triangle sacré. Formez-le en joignant vos deux index et vos deux pouces et repliant le reste des doigts. Positionnez maintenant ce triangle face au sol et projetez cette forme sacrée dans le chakra de la Terre et revendiquez pour vous et pour toute la famille humaine l'Amour inconditionnel.

Respirez profondément *(Michaël fait trois Souffles secs et puissants de création et demande au groupe de faire de même. Puis, le groupe fait trois Souffles projetés du diaphragme vers le sol.)*

Respirez profondément.

Pratiquez l'Amour inconditionnel tout en revendiquant la qualité divine de l'humour. L'humour cosmique *(dit Michaël en souriant)* vous permettra d'alléger votre quotidien et de mieux vivre. N'est-ce point merveilleux ?

### L'alliance entre les peuples

Créez des alliances en laissant de côté vos préjugés envers certains peuples. Ces préjugés sont des mémoires karmiques collectives qui se sont immiscées en ce qui concerne les croyances et qui se sont ancrées dans votre psyché. Ces préjugés ont été maintenus par vos médias afin de vous garder ancré dans l'énergie de la dualité.

Ainsi, dès qu'une pensée limitative se présente, nous vous invitons à l'accueillir et à la transmuter. Comment ? Simplement en vous reliant au « Je Suis » présent en vous et en chacune de vos communautés respectives. Reliez-vous au-delà des contingences, des personnalités et de l'ego. Reliez-vous les uns aux autres à partir du « Je Suis Tout Ce Qui Est ».

Ehyeh Asher Ehyeh. Ehyeh Asher Ehyeh *(dit et répété à forte voix)*.

Ehyeh Asher Ehyeh. Je suis tout cela *(dit et répété à voix basse, pleine d'Amour)*.

Voyez déjà les ponts énergétiques et divins qui se créent lorsque vous invoquez l'alliance entre les peuples, à partir du « Je Suis ». Rappelez-vous que tous les humains sont incarnés actuellement pour accomplir l'Unité.

Reconnaissez la beauté de chacune de vos cultures, reconnaissez les mandats et les énergies spécifiques de chacun des êtres sur la terre. Il s'agit de qualités vibratoires et divines qui, lorsque vous les reconnaissez chez les autres, s'activent en vous. En conséquence, vous redevenez complet, dans la compassion.

C'est pourquoi il est important de créer au jour le jour, dans votre réalité familiale, sociale et de travail, des alliances et des ouvertures par des gestes fort simples. Ainsi, souriez avec compassion à des gens à qui vous ne souriez habituellement pas, à des personnes sur la rue et à des gens qui en ont besoin pour se reconnaître dans l'Amour. Laissez émerger une parole de salutation et que cette dernière soit imprégnée non pas d'un code ancien qui en est un de politesse sur votre terre, mais d'un véritable bonjour porté par la fréquence du cœur ! Cette fréquence touchera le cœur des Êtres que vous rencontrez en créant des alliances, des reconnaissances, des ouvertures et maintes autres possibilités. Vous saurez ! Dans votre cœur divin, vous saurez.

## Soyez divin

Soyez divin. Ne soyez pas timide. Manifestez-le par vos mots d'Amour. Une seule parole divine peut ensemencer chez vos sœurs et frères cette reconnaissance en eux. Aimez-vous les uns les autres, aimez-vous les uns les autres *(dit avec tellement d'Amour)* !

Votre frère Yeshua, maître ascensionné, est venu sur votre terre afin d'ensemencer cette parole divine : « Aimez-vous les uns les autres comme nous vous aimons. » Ainsi, guérissez les parties de vous où il n'y a point d'Amour. Tous les humains sont des miroirs les uns pour les autres. Reconnaissez et aimez ces miroirs !

## L'alliance avec votre terre

Bien-aimé, respirez profondément et créez l'alliance avec votre terre. Créez l'alliance avec tous les éléments et les règnes de votre terre, car ils font partie de vous. Unifiez-vous !

Accompagnez Gaïa par votre Amour et votre Conscience en utilisant votre Bouclier et votre Épée de Lumière. Accompagnez-la avec fluidité et confiance. Lorsque vous doutez, lorsque la peur tente de s'immiscer en vous, joignez la qualité vibratoire de la divine confiance.

Il s'agit d'un véritable processus de renaissance. Gardez cet élan du cœur, cet élan de compassion pour tous vos frères et sœurs qui expérimentent dans certains pays, certains lieux, la décristallisation sous différentes formes. Qu'il s'agisse de l'eau, du Feu ou de l'air.

Accompagnez ces éléments et les âmes qui habitent ces lieux avec Amour. Ne laissez point baisser votre vibration par des énergies comme la pitié, qui n'est point une qualité divine. Vous n'avez plus besoin de pitié, vous avez plutôt besoin d'une véritable compassion, qui est la reconnaissance de l'Être dans sa Divinité.

Ne doutez pas. Vous portez la Vérité divine. Offrez-la. Créez des rituels. Innovez ! Poursuivez la création de vortex sur l'eau et sur la terre. Ces gestes permettent de nettoyer les corps de votre Mère Terre. Créez des vortex descendants imprégnés de Lumière sur d'autres lieux. Entrez en fonction, bien-aimé, dans votre mandat. Entendez la voix de votre Divinité, manifestez et créez !

Internet vous permet de communiquer rapidement avec de nombreuses personnes dans de nombreux pays. Utilisez ce moyen pour créer des mouvements et des ponts d'alliance que l'on appelle aussi « arcs d'alliance » ou « arches d'alliance ». Utilisez cet outil pour méditer et prier ensemble. Invitez les Êtres à créer des vortex partout dans leur pays, sur les cours d'eau. Imprégnez ces vortex d'énergies cristallines. Ces pierres de cristal ont été réactivées dans les énergies de la grille christique. Abordez-les comme des alliés et offrez-les à Gaïa dans ses eaux, dans un esprit d'alliance, un esprit de guérison et de renaissance.

Sachez aussi que le triangle fait partie de la géométrie sacrée réactivée.

Les triangles ont comme fonction d'être des ponts d'alliance. Ils sont directement reliés à la grille christique et portent les fréquences nouvelles qui descendent de façon appropriée pour aider Gaïa et, bien sûr, aider tous les frères et sœurs, et de la race humaine et des règnes végétal et animal.

Il existe déjà un triangle entre le Québec, la France et l'île Sainte-Lucie des Caraïbes. Un autre pont a aussi été créé entre l'Arizona des États-Unis, l'Égypte et le Pérou. Nous proposons aujourd'hui un autre pont d'alliance que vous créerez entre le Québec, l'île de la Réunion et la Russie.

Respirez profondément et percevez déjà que par votre intention claire, la mise en place énergétique de ce triangle se réalise. Ressentez l'Énergie christique Or qui circule.

Respirez profondément et entrez dans la résonance de ce nouveau triangle, Québec, île de la Réunion et Russie, qui englobe leurs cours d'eau, leurs mers, leurs terres que vous bénissez.

## Utilisez ces divins outils

Nous vous invitons maintenant à utiliser l'outil sacré de la bénédiction.

Quotidiennement, bénissez ces triangles, bénissez ces vortex, bénissez tous les peuples de la terre, bénissez vos frères et sœurs. Bénissez votre terre, bénissez votre quotidien et bénissez les fragments de votre Être. Bénissez constamment !

En faisant cela, vous entrez dans une Conscience élevée, celle du « soi » christique en imprégnant vos journées et tout ce qui vit, d'une Énergie divine.

Vous êtes un ambassadeur de Lumière. Bénissez !

Poursuivez l'intégration des qualités divines en vous. Innovez et manifestez votre Joie ! C'est ce dont la terre a le plus besoin actuellement : votre Joie d'Être incarné, votre Joie d'Être qui vous êtes, avec vos qualités précises et vos dons, enfin, la Joie de votre mandat de guerrier-ambassadeur de Lumière.

Vous êtes un Être magnifique. Rappelez-vous cela, bien-aimé. Et rappelez-vous à quel point nous vous aimons ! Aimez-vous, aimez-vous, aimez-vous !

Du « Je Suis » cosmique, universel et éternel, nous bénissons votre « Je Suis » et celui de chacun des êtres vivants sur votre planète Gaïa, Urantia. *(Michaël émet un Souffle très puissant de créateur de bénédictions.)*

Accueillez, car ainsi il en est ! Peuple d'alliance, recréez l'Unité.

Namaste. *(« Namaste, Michaël. »)*

Om Jai Jai Maa. *(« Om Jai Jai Maa. »)*

Nous honorons Gaïa. *(« Nous honorons Gaïa. »)*

À bientôt. *(« À bientôt, Michaël. »)*

À toujours. *(« À toujours. »)*

# *Pour rejoindre l'auteure*

Vous pouvez rejoindre l'auteure par courriel : amlas@hotmail.com

et consulter son site au : www.guerriersdelumière.com

RECYCLÉ
Papier fait à partir de matériaux recyclés
FSC® C103567
FSC
www.fsc.org

MARQUIS
Marquis imprimeur inc.

Québec, Canada
2012

Imprimé sur du papier Silva Enviro 100% postconsommation traité sans chlore, accrédité ÉcoLogo et fait à partir de biogaz.

100%
PERMANENT
BIO GAZ ÉNERGIE